러시아어
토르플 2급
실전 모의 고사

러시아어 토르플 2급 실전 모의 고사
❹

초판 인쇄 2021년 07월 22일
초판 발행 2021년 07월 30일

지은이 Виноградов Д.В., Клобукова Л.П.

펴낸이 김선명
펴낸곳 뿌쉬낀하우스
책임편집 엄올가
편집 김율리아, 송사랑
디자인 김율하

주소 서울시 중구 동호로 15길 8, 리오베빌딩 3층
전화 02) 2237-9387
팩스 02) 2238-9388
홈페이지 www.pushkinhouse.co.kr

출판등록 2004년 3월1일 제2004-0004호

ISBN 979-11-7036-056-8 14790
978-89-92272-64-3 (세트)

© ООО Центр «Златоуст», 2020
Настоящее издание осуществлено по лицензии, полученной от ООО Центр «Златоуст»
© Pushkin House, 2021

이 책의 한국어판 저작권은 "Златоуст" 출판사와 독점 계약한 뿌쉬낀하우스에 있습니다.
저작권법에 의해 한국 내에서 보호를 받는 저작물이므로 무단 전재와 무단 복제를 금합니다.

※ 잘못된 책은 바꿔 드립니다.

토르플 고득점을 위한 모의고사 시리즈

Тест по русскому языку как иностранному
Второй сертификационный уровень

TORFL
러시아어
토르플 2급
실전 모의고사 4

Виноградов Д.В., Клобукова Л.П. 지음

뿌쉬낀하우스

※ MP3 파일은 뿌쉬낀하우스 홈페이지(www.pushkinhouse.co.kr)에서 무료로 다운로드받을 수 있습니다.
　또한 스마트폰을 통해 문제 페이지에 있는 QR코드를 스캔하면 듣기·말하기 영역 MP3 파일을 바로
　청취할 수 있습니다.

contents

토르플 길라잡이 _6

1부 테스트

Субтест 1.　　ЛЕКСИКА. ГРАММАТИКА 어휘, 문법 영역　_11

Субтест 2.　　ЧТЕНИЕ 읽기 영역　_35

Субтест 3.　　ПИСЬМО 쓰기 영역　_48

Субтест 4.　　АУДИРОВАНИЕ 듣기 영역　_53

Субтест 5.　　ГОВОРЕНИЕ 말하기 영역　_61

2부 정답

어휘, 문법 영역 정답 _69

읽기 영역 정답 _73

쓰기 영역 예시 답안 _74

듣기 영역 정답 및 녹음 원문 _78

말하기 영역 예시 답안 _83

첨부: 답안지 РАБОЧИЕ МАТРИЦЫ _97

1. 토르플 시험이란?

토르플(TORFL)은 'Test of Russian as a Foreign Language'의 약자로 러시아 교육부 산하기관인 '러시아어 토르플 센터'에서 주관하는 외국인 대상 러시아어 능력 시험이다. 기초 단계에서 4단계까지 총 여섯 단계로 나뉘어 있으며 시험 과목은 어휘·문법, 읽기, 듣기, 쓰기, 말하기의 다섯 영역으로 구성되어 있다. 현재 토르플은 러시아 내 대학교의 입학 시험, 국내 기업체, 연구소, 언론사 등에서 신입사원 채용 시험 및 직원들의 러시아어 실력 평가를 위한 방법으로 채택되고 있다.

2. 토르플 시험 단계

토르플 시험은 기초단계, 기본단계, 1단계, 2단계, 3단계, 4단계로 나뉘어 있다.

· 기초단계 (элементарный уровень)
  일상생활에서 필요한 최소한의 러시아어 구사가 가능한 가장 기초 단계이다.

· 기본단계 (базовый уровень)
  일상생활에서 필요한 기본적인 의사 소통이 가능한 단계이다.

· 1단계 (I сертификационный уровень)
  일상생활에서의 자유로운 의사소통뿐만 아니라, 사회, 문화, 역사 등의 분야에서 러시아인과 대화가 가능한 공인단계이다. 러시아 대학에 입학하기 위해서는 1단계 인증서가 필요하며, 국내에서는 러시아어문계열 대학졸업시험이나 기업체의 채용 및 사원 평가 기준으로도 채택되고 있다.

· 2단계 (II сертификационный уровень)
  원어민과의 자유로운 대화뿐만 아니라, 문화, 예술, 자연과학, 공학 등 전문 분야에서도 충분히 의사소통이 가능한 공인단계이다. 2단계 인증서는 러시아 대학의 비어문계 학사 학위 취득을 위한 요건이며 석사 입학을 위한 자격 요건이기도 하다. 1단계와 마찬가지로 국내에서는 러시아어문계열 대학졸업시험이나 기업체의 채용 및 사원 평가 기준으로도 채택되고 있다.

· 3단계 (III сертификационный уровень)
사회 전 분야에 걸쳐 고급 수준의 의사소통 능력을 지니고 있어 러시아어로 전문적인 활동이 가능한 공인단계이다. 러시아 대학의 비어문계열 석사와 러시아어문학부 학사 학위를 취득하기 위해서 3단계 인증서가 필요하다.

· 4단계 (IV сертификационный уровень)
원어민에 가까운 러시아어 구사 능력을 지니고 있는 가장 높은 공인단계로, 이 단계의 인증서를 획득하면 러시아어문계열의 모든 교육과 연구 활동이 가능하다. 4단계 인증서는 러시아어문학부 석사, 비어문계열 박사, 러시아어 교육학 박사 등의 학위를 취득하기 위한 요건이다.

3. 토르플의 시험영역

토르플 시험은 어휘·문법, 읽기, 듣기, 쓰기, 말하기의 다섯 영역으로 구성되어 있다.

· 어휘·문법 영역 (ЛЕКСИКА. ГРАММАТИКА)
객관식 필기 시험으로 어휘와 문법을 평가한다. (*사전 이용 불가)

· 읽기 영역 (ЧТЕНИЕ)
객관식 필기 시험으로 주어진 본문과 문제를 통해 독해 능력을 평가한다. (*사전 이용 가능)

· 듣기 영역 (АУДИРОВАНИЕ)
객관식 필기 시험으로 들려 주는 본문과 문제를 통해 이해 능력을 평가한다. (*사전 이용 불가)

· 쓰기 영역 (ПИСЬМО)
주관식 필기 시험으로 주제에 알맞은 작문 능력을 평가한다. (*사전 이용 가능)

· 말하기 영역 (ГОВОРЕНИЕ)
주관식 구술 시험으로 주어진 상황에 적합한 말하기 능력을 평가한다. (*사전 이용이 가능한 문제도 있음)

4. 토르플 시험의 영역별 시간

구 분	기초 단계	기본 단계	1단계	2단계	3단계	4단계
어휘·문법 영역	40분	50분	60분	90분	90분	60분
읽기 영역	40분	50분	50분	60분	60분	60분
듣기 영역	30분	30분	35분	35분	35분	45분
쓰기 영역	30분	50분	60분	55분	75분	80분
말하기 영역	20분	25분	60분	45분	45분	50분

*토르플 시험의 영역별 시간은 시험 시행기관마다 조금씩 다를 수 있습니다.

5. 토르플 시험의 영역별 만점

구분	기초 단계	기본 단계	1단계	2단계	3단계	4단계
어휘·문법 영역	100	100	165	150	100	140
읽기 영역	120	180	140	150	150	127
듣기 영역	100	150	120	150	150	150
쓰기 영역	40	80	80	65	100	95
말하기 영역	90	120	170	145	150	165
총 점수	450	630	675	660	650	677

6. 토르플 시험의 합격 점수

구분	기초 단계	기본 단계	1단계	2단계	3단계	4단계
어휘·문법 영역	66-100점 (66%이상)	66-100점 (66%이상)	109-165점 (66%이상)	99-150점 (66%이상)	66-100점 (66%이상)	92-140점 (66%이상)
읽기 영역	79-120점 (66%이상)	119-180점 (66%이상)	92-140점 (66%이상)	99-150점 (66%이상)	99-150점 (66%이상)	84-127점 (66%이상)
듣기 영역	66-100점 (66%이상)	99-150점 (66%이상)	79-120점 (66%이상)	99-150점 (66%이상)	99-150점 (66%이상)	99-150점 (66%이상)
쓰기 영역	26-40점 (66%이상)	53-80점 (66%이상)	53-80점 (66%이상)	43-65점 (66%이상)	66-100점 (66%이상)	63-95점 (66%이상)
말하기 영역	59-90점 (66%이상)	79-120점 (66%이상)	112-170점 (66%이상)	96-145점 (66%이상)	99-150점 (66%이상)	109-165점 (66%이상)

1부 테스트

Субтест 1. ЛЕКСИКА. ГРАММАТИКА

Инструкция по выполнению теста

- **Время выполнения теста — 90 минут.**
- Вы получили задания, инструкции к заданиям и матрицы.
- **Напишите в матрице фамилию, имя, страну и дату.**
- Тест состоит из 6 частей (150 заданий).
- При выполнении теста **пользоваться словарём нельзя.**
- В заданиях нужно выбрать вариант ответа и отметить его в матрице.

Например:

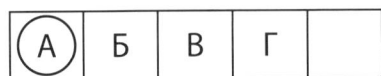

(Вы выбрали вариант А).

Если вы ошиблись и хотите исправить ошибку, сделайте так:

Например:

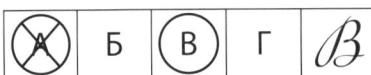

(Ваш выбор — вариант В, вариант А — ошибка).

Отмечайте ваш выбор только в матрице, в тесте ничего не пишите! Проверяться будет только матрица.

ЧАСТЬ 1

Задания 1–25. Выберите один вариант ответа и отметьте его в матрице.

1	Инженер Петрова _____ проект нового музея.	А Б В Г	создавал создал создала создали
2	В Санкт-Петербургский университет каждый год _____ много студентов из других стран.	А Б В Г	поступили поступает поступали будут поступать
3	Секретарь Васильева _____ документ директору.	А Б В Г	передал передали передавал передала
4	С момента вылета самолёта _____ 6 часов.	А Б В Г	прошли прошло прошёл прошла
5	В 2014 году вуз _____ 2000 молодых специалистов.	А Б В Г	выпустила выпустило выпустил выпустили
6	Ваши аргументы показались мне _____ .	А Б В Г	неправильные неправильно неправильными неправильны
7	Лекции этого профессора всегда _____ .	А Б В Г	содержательными содержательны содержательно содержательным

8	Доказательства, приведённые вами в суде _____ .	А Б В Г	спорными спорно спорным спорны
9	Не _____ завтра принести с собой словарь!	А Б	забывайте забудьте
10	Вы не забыли вчера _____ учебник в библиотеку?	А Б	сдать сдавать
11	Борис ещё не успел _____ утреннюю газету.	А Б	читать прочитать
12	Артём заботится о маме: каждый день _____ ей.	А Б	позвонит звонит
13	Наконец-то я смог _____ визу в вашу страну.	А Б	получить получать
14	Вы меня _____ в аэропорту?	А Б	встречайте встретите
15	На зачёте у этого экзаменатора _____ чётко и полно.	А Б	отвечайте ответьте
16	Вчера мы наконец-то _____ машину.	А Б	продали продавали
17	Защитники природы боятся, что строительство завода может _____ всю рыбу в реке.	А Б	уничтожать уничтожить
18	Стало холодно. Пожалуйста, _____ дверь.	А Б	закрой закрывай
19	Мне нужно срочно _____ деньги на телефон.	А Б	класть положить
20	Алексей уже два года не может _____ квартиру.	А Б	продать продавать

21	Действия правительства позволили окончательно _____ эту проблему.	А Б	решить решать
22	Надеюсь, что в январе я смогу начать _____ французский язык.	А Б	изучить изучать
23	Если ты купишь билеты, мы сможем _____ этот интересный фильм!	А Б	смотреть посмотреть
24	Закончились продукты, мне нужно _____ в магазин.	А Б	съездить ездить
25	К концу обучения студент должен твёрдо _____ основные правила грамматики.	А Б	знать узнать

Часть 2

Задания 26–50. Выберите один вариант ответа и отметьте его в матрице.

26	К сожалению, мне часто приходится жалеть _____ .	А Б В Г	свои поступки со своими поступками своих поступках о своих поступках
27	Уверен, что _____ вы обязательно сдадите тест.	А Б В Г	с вашими знаниями о ваших знаниях от ваших знаний в ваших знаниях
28	Экономический кризис повлиял _____ людей.	А Б В Г	для всех на всех у всех всем

29	Мой коллега постоянно жалуется _____ работы.	А Б В Г	на плохие условия плохие условия от плохих условий плохих условий
30	Эту книгу я не могу достать _____ .	А Б В Г	полки от полки с полки полке
31	Правительство Петербурга пригласило _____ городских предпринимателей.	А Б В Г	встречу на встречу до встречи встреча
32	Мои родители были удивлены _____ .	А Б В Г	твоих слов о твоих словах твои слова твоими словами
33	Сегодняшний день удачен _____ .	А Б В Г	к поездке в поездке для поездки поездки
34	Ты слишком строг _____ .	А Б В Г	к нему про него о нём от него
35	Я рад _____ .	А Б В Г	ваше возвращение вашим возвращением вашему возвращению вашего возвращения
36	Я смогу закончить статью _____ .	А Б В Г	через месяц с месяц до месяца около месяца

37	Мой друг поступил в университет _____ .	А Б В Г	с прошлого года прошлый год в прошлом году прошлого года
38	Студенты начнут изучать второй иностранный язык _____ .	А Б В Г	в следующем году со следующим годом следующий год следующего года
39	В офисе я работаю _____ .	А Б В Г	к утру и к вечеру от утра до вечера с утра до вечера утро и вечер
40	Мировой экономический кризис начался _____ после этого решения.	А Б В Г	через месяц за месяц на месяц около месяца
41	Журналисты зададут политику много вопросов _____ .	А Б В Г	завтрашней конференции завтрашняя конференция в завтрашней конференции на завтрашней конференции
42	Справа _____ на фотографии – моя жена!	А Б В Г	у меня от меня мне меня
43	Корабль остановился _____ .	А Б В Г	на острове у острова для острова к острову

44	Квартиру мы смогли купить только _____ .	А Б В Г	благодаря кредиту от кредита из-за кредита кредит
45	Пассажиры могли погибнуть _____ водителя.	А Б В Г	благодаря ошибке ошибки с ошибкой из-за ошибки
46	Наше сотрудничество прекращено _____ положительных результатов.	А Б В Г	при отсутствии с отсутствием в связи с отсутствием благодаря отсутствию
47	Я говорю по-немецки _____ , и меня не всегда понимают.	А Б В Г	в труде с трудом из-за труда благодаря труду
48	Книги _____ занимают у меня целую полку.	А Б В Г	итальянского языка на итальянском языке с итальянского языка в итальянском языке
49	Вчера мне подарили на день рождения красивую сумку _____ .	А Б В Г	жёлтый цвет с жёлтым цветом жёлтым цветом жёлтого цвета
50	Университет _____ находится в Омске.	А Б В Г	имени Ф.М. Достоевского имя Ф.М. Достоевского с именем Ф.М. Достоевского по имени Ф.М. Достоевского

ЧАСТЬ 3

Задания 51–58. Выберите один вариант ответа и отметьте его в матрице.

51	Путешествие в Перу – надолго _____ нам туристическая поездка.	А Б В Г	запомнившая запомнившейся запомнившаяся запоминающая
52	Спасатели нашли _____ в лесу ребёнка только утром.	А Б В Г	потерявшего потерявшегося потерявшийся потерявшимся
53	В парламенте обсуждается новый закон, _____ продавать квартиры иностранцам.	А Б В Г	разрешающего разрешаемого разрешающим разрешающий
54	Учёный, _____ новый вирус, сразу же написал об этом статью.	А Б В Г	открыв открывая открывавший открывшись
55	Дети часто едят, не _____ руки.	А Б В Г	помыть помыв помывший помывшие
56	Маша сидела в парке, _____ книгу.	А Б В Г	читая читающая прочитавшую читавшая
57	Иван разговаривает по телефону, _____ что-то на бумаге.	А Б В Г	рисовав рисуемый рисовавший рисуя

58	Футболисты России закончили игру, _____ иностранных спортсменов.	А	победив
		Б	побеждая
		В	побеждённых
		Г	побеждавшие

Задания 59–75. Установите синонимические отношения между выделенными конструкциями и вариантами ответов. Отметьте один вариант ответа в матрице.

59	Студентов, **не заплативших за обучение**, отчислят.	А	которым не заплатили за обучение
		Б	которые не заплатят за обучение
		В	которые не заплатили за обучение
		Г	которые заплатили за обучение
60	Письма, **написанные знаменитым поэтом**, были уничтожены.	А	которые написал знаменитый поэт
		Б	которые пишет знаменитый поэт
		В	которые напишет знаменитый поэт
		Г	которые написал бы знаменитый поэт
61	Выставка, **организованная музеем**, удалась.	А	которую организует музей
		Б	которую организовал музей
		В	который организовывал музей
		Г	которую будет организовывать музей

62	Утром я отнёс в библиотеку книгу, **прочитанную мной**.	А	которую я прочитал
		Б	которую я читал
		В	которую я читаю
		Г	которую я буду читать
63	Надавно **опубликованный роман** модного писателя был продан за месяц.	А	роман, который публикуется
		Б	роман, который был опубликован
		В	роман, который будет опубликован
		Г	роман, который не опубликован
64	Женщина, **которую нашла полиция**, не пострадала.	А	найденная полицией
		Б	нашедшая полицию
		В	находимая полицией
		Г	не найденная полицией
65	Из картин, **которые создал художник**, мне больше всего нравятся «Весенние цветы».	А	созданных художником
		Б	создаваемых художником
		В	создавшихся художником
		Г	создававшихся художником
66	Решение, **которое я предложил**, оказалось правильным.	А	предложенное мне
		Б	предлагавшееся мной
		В	предлагаемое мне
		Г	предложенное мной
67	**Научившись новому**, не забывайте старое.	А	Если вы научились новому
		Б	Будто вы научились новому
		В	Хотя вы научитесь новому
		Г	Учитывая, что вы научились новому

68	**Получив деньги**, компания продолжила строительство дома.	А	Во время получения денег
		Б	До получения денег
		В	После получения денег
		Г	При получении денег
69	**Зная об этом**, мы всё равно решили действовать.	А	Благодаря тому, что мы знали об этом
		Б	Из-за того, что мы знали об этом
		В	Потому что мы знали об этом
		Г	Несмотря на то, что мы знали об этом
70	Люди возмутятся, **узнав все обстоятельства этого дела**.	А	когда узнают все обстоятельства этого дела
		Б	хотя узнают все обстоятельства этого дела
		В	несмотря на то что узнают все обстоятельства этого дела
		Г	поэтому узнали все обстоятельства этого дела
71	Достоевский уехал в Старую Руссу, **когда закончил роман**.	А	закончивший роман
		Б	закончив роман
		В	заканчивая роман
		Г	заканчивающий роман
72	Начинайте собираться в поездку, **после того как получите приглашение**.	А	получая приглашение
		Б	получив приглашение
		В	получившее приглашение
		Г	получившие приглашение

73	**Когда я читаю научную статью**, я обычно выписываю самую важную информацию.	А	Читавший научную статью
		Б	Прочитав научную статью
		В	Прочитывая научную статью
		Г	Читая научную статью
74	Позвони мне, **если закончишь работу сегодня**.	А	закончивший работу сегодня
		Б	закончив работу сегодня
		В	закончившая работу сегодня
		Г	заканчивая работу сегодня
75	Марья Гавриловна отвечала ему **с волнением**.	А	волновавшись
		Б	поволновавшись
		В	волновавшаяся
		Г	волнуясь

ЧАСТЬ 4

Задания 76–93. Выберите один вариант ответа и отметьте его в матрице.

76	Прошлым летом мы ездили в Испанию, _____ в этом году решили отдыхать там же.	А	но
		Б	и
		В	или
		Г	да
77	В Ледовом дворце проходят хоккейные матчи, _____ футбольные матчи проходят на стадионе «Петровский».	А	тоже
		Б	также
		В	и
		Г	а

78	Теплоход, _____ мы путешествовали, был очень удобным.	А Б В Г	с которым за которым в котором на котором
79	Девушка, _____ сумка была найдена в аудитории, зайдёт за ней вечером.	А Б В Г	которая чья которой какая
80	Кошка, _____ заболел котёнок, мяукала всю ночь.	А Б В Г	с которой у которой перед которой на которой
81	Я не знаю, _____ создать компьютерную программу.	А Б В Г	как что как будто чтобы
82	Мы так и не узнали, _____ это было сделано.	А Б В Г	как будто будто чтобы зачем
83	Я часто думаю о том, _____ жить всем вместе очень удобно.	А Б В Г	как ли что чтобы
84	Пассажиры вышли из машины, _____ она могла безопасно проехать по деревянному мосту.	А Б В Г	зачем как чтобы когда
85	Это сделал тот, _____ это больше всего выгодно.	А Б В Г	для кого кто у кого кому

86	Скажите, пожалуйста, _____ вы учились?	А Б В Г	где что куда откуда
87	Я хочу знать, _____ вы вчера спорили?	А Б В Г	чем с чем о чём чему
88	Моя память намного улучшилась, _____ я начал изучать иностранные языки.	А Б В Г	пока по мере того как с тех пор как в то время как
89	Я не мог выйти из дома, _____ нашёл ключи от квартиры.	А Б В Г	пока когда до того как пока не
90	Выпускники вузов иногда уезжают работать в маленькие города, _____ там не хватает квалифицированных специалистов.	А Б В Г	потому что благодаря тому что поэтому хотя
91	Я очень хочу спать, _____ ночью спал хорошо.	А Б В Г	хотя в результате чего потому что если
92	Приходите ко мне, _____ вы вдруг закончите работать раньше.	А Б В Г	так как раз как если
93	Павел забыл дома паспорт, _____ тщательно готовился к поездке.	А Б В Г	когда бы пусть так как несмотря на то что

Задания 94–100. Установите синонимические соответствия между выделенными конструкциями и вариантами ответа. Выберите один вариант ответа в матрице.

94	Солдаты долго сопротивлялись врагу, **помня о своём долге**.	А	хотя помнили о своём долге
		Б	если бы помнили о своём долге
		В	раз помнили о своём долге
		Г	так как помнили о своём долге
95	**Михаил, готовясь к командировке**, в течение нескольких дней просматривал дюжину папок с финансовыми отчётами.	А	После того как Михаил готовился к командировке
		Б	В то время как Михаил готовился к командировке
		В	С тех пор как Михаил готовился к командировке
		Г	До тех пор как Михаил готовился к командировке
96	**Изучая иностранный язык**, старайтесь учиться и правильной интонации.	А	Так как изучаете иностранный язык
		Б	Когда изучаете иностранный язык
		В	Поскольку изучаете иностранный язык
		Г	Хотя изучаете иностранный язык
97	**При оплате покупок в Интернете** будьте осторожны.	А	Если оплачиваете покупки в Интернете
		Б	Благодаря тому, что оплачиваете покупки в Интернете
		В	Хотя оплачиваете покупки в Интернете
		Г	Так как оплачиваете покупки в Интернете

98	Я прочитал об этом **за завтраком**.	А	если завтракал
		Б	когда завтракал
		В	так как завтракал
		Г	хоть и завтракал
99	Я не смог рассказать об этом **из-за волнения**.	А	когда волновался
		Б	хотя волновался
		В	поэтому волновался
		Г	поскольку волновался
100	Директор спросил сотрудника: «Вы подготовили текст выступления?»	А	что он подготовил текст выступления
		Б	кто подготовил текст выступления
		В	подготовил ли он текст выступления
		Г	о чём он подготовил текст выступления

ЧАСТЬ 5

Задания 101–125. Выберите один вариант ответа и отметьте его в матрице.

101	Иван в полиции написал _____ о том, что у него украли деньги.	А	справку
		Б	анкету
		В	заявление
		Г	договор
102	После этих слов моё волнение _____ .	А	увеличилось
		Б	усилилось
		В	обострилось
		Г	повысилось

103	Ты уже целый час примеряешь платья! Пожалуйста, сделай побыстрее _____ .	А Б В Г	выборы выход избрание выбор
104	Поэт долго работал над этой поэмой – её _____ потребовало от него громадных усилий.	А Б В Г	изготовление делание создание выполнение
105	Моя семья очень _____ : мы никогда не ссоримся и все важные дела всегда делаем вместе!	А Б В Г	дружеская дружная дружественная дружные
106	В церковь обычно ходят _____ люди.	А Б В Г	верящие верные верующие поверившие
107	Эти машины редко покупают, они очень _____ .	А Б В Г	драгоценные ценные дорогие бесценные
108	По природе он настоящий лидер – такой у него _____ характер!	А Б В Г	решающий решительный решаемый решивший
109	Я думаю, что Артёму нужно быть более _____ .	А Б В Г	экономным экономящим экономическим экономичным
110	Ты сказал вчера такие _____ слова, что мне теперь тяжело с тобой общаться.	А Б В Г	обидчивые обидные обиженные обижаемые

111	Если вы хотите найти эту редкую книгу, вам придётся _____ весь город.	А Б В Г	обходить обойти проходить перейти
112	Жена купила _____ новый гель для душа, мы таким ещё не пользовались.	А Б В Г	всякий кое-какой какой-нибудь какой-то
113	Мне вчера _____ волосы в парикмахерской.	А Б В Г	подстригают подстригли порезали резали
114	Мария обычно _____ джинсы, но сегодня она пришла в красивом платье.	А Б В Г	несёт идёт носит ходит
115	Нарушение этого условия контракта _____ к его расторжению.	А Б В Г	принесёт приходит привнесёт приведёт
116	В институте я _____ английским языком четыре года.	А Б В Г	учился изучал изучался занимался
117	Не нравится мне Антон: если прошу его что-то сделать – обязательно _____ .	А Б В Г	поведёт подведёт поднесёт повезёт
118	Студенты ещё не _____ перевести такой текст, не пользуясь словарём.	А Б В Г	умеют любят могут знают

119	Вчера я _____ заявление на отпуск.	А Б В Г	выписал написал записал вписал
120	Некоторые мои коллеги постоянно _____ в других компаниях.	А Б В Г	подрабатывают подработали дорабатывают доработали
121	Если бы я купил телефон с сегодняшней скидкой, я не _____ за него вчера.	А Б В Г	отплатил бы заплатил бы выплатил бы переплатил бы
122	Вы неправильно поняли задание: _____ его, пожалуйста, ещё раз!	А Б В Г	дочитайте дочитывайте перечитывайте перечитайте
123	Мы будем очень благодарны вам, если вы сможете _____ нашу просьбу.	А Б В Г	изготовить выполнить сделать создать
124	Анна хорошо _____ план своей работы.	А Б В Г	продумала подумала передумала думала
125	Мои родители всю свою жизнь _____ любят друг друга.	А Б В Г	хорошо очень намного мощно

ЧАСТЬ 6

Задания 126–132. Вы работаете со связным текстом. Выберите один вариант ответа и отметьте его в матрице.

Александр Сергеевич Пушкин
(связный текст)

Александра Сергеевича Пушкина ещё в юности многие считали (**126**)_____ . Окончив лицей, он становится (**127**)_____ Коллегии иностранных дел в Петербурге. Всю жизнь Пушкин был (**128**)_____ . Многие его стихотворения давно (**129**)_____ всем русским людям. Поэзия Пушкина — это (**130**)_____ в русской литературе. А его успех — (**131**)_____ гениальности. Но в некоторые периоды жизнь Пушкина была (**132**)_____ .

126	А	талантливый поэт
	Б	талантливого поэта
	В	талантливым поэтом
	Г	как талантливый поэт
127	А	сотрудник
	Б	к сотруднику
	В	сотрудником
	Г	сотруднику
128	А	страстного человека
	Б	со страстным человеком
	В	к страстному человеку
	Г	страстным человеком
129	А	известны
	Б	известные
	В	известных
	Г	известным

130	А	новым словом
	Б	новое слово
	В	нового слова
	Г	с новым словом
131	А	следствием
	Б	следствия
	В	следствие
	Г	следствию
132	А	настоящее страдание
	Б	настоящим страданием
	В	настоящего страдания
	Г	о настоящем страдании

Задания 133–140. Представлен текст **официального заявления.** Выберите один вариант ответа и отметьте его в матрице.

(133) _____ Центра экспертиз А.Л. Петровой

(134) _____ И.П. Иванова

Заявление

Прошу **(135)** _____ мне отпуск **(136)** _____ продолжительностью 7 календарных дней **(137)** _____

(138) _____ .

(139) _____   **(140)** _____

133.	А)	Господину директору
	Б)	Уважаемому господину директору
	В)	Директору
	Г)	Уважаемому директору

134	А	главному специалисту
	Б	от главного специалиста
	В	господина главного специалиста
	Г	главный специалист

135	А	предоставить
	Б	выдать
	В	вручить
	Г	выписать

136	А	за собственный счёт
	Б	за свой счёт
	В	за личный счёт
	Г	за мой счёт

137	А	с 1 до 7 апреля
	Б	от 1 по 7 апреля
	В	с 1 по 7 апреля
	Г	от 1 до 7 апреля

138	А	от семейных обстоятельств
	Б	по семейным обстоятельствам
	В	для семейных обстоятельств
	Г	на семейные обстоятельства

139	А	23 марта 2016 г.
	Б	Март, 23, 2016 г.
	В	2016, март, 23
	Г	23, март, 2016 г.

140	А	С уважением, И.П. Иванов
	Б	И.П. Иванов
	В	Всего хорошего, И.П. Иванов
	Г	До свидания, И.П. Иванов

Задания 141–145. Представлен текст-**аннотация** книги Т.Б. Ивановой «Русский язык: шаг за шагом». Выберите один вариант ответа и отметьте его в матрице.

Пособие **(141)** _____ известным специалистом в области преподавания русского языка Т.Б. Ивановой. Материал **(142)** _____ в лёгкой и доступной форме. В конце пособия, **(143)** _____ на изучающих русский язык, имеется грамматический справочник, **(144)** _____ систематизировать полученные знания. Книга, безусловно, **(145)** _____ преподавателям и студентам.

141	А	созданное
	Б	создано
	В	создавшееся
	Г	создавая
142	А	выдаётся
	Б	даётся
	В	вручается
	Г	вручают
143	А	направленного
	Б	устремлённого
	В	рассчитанного
	Г	нацеленного
144	А	разрешающий
	Б	позволяющий
	В	дающий разрешение
	Г	разрешаемый
145	А	будет полезна
	Б	полезная
	В	полезной
	Г	с пользой

Задания 146–150. Представлены фрагменты текстов **газетно-публицистического** стиля. Выберите один вариант ответа и отметьте его в матрице.

В честь прибытия российской делегации во Дворце согласия **(146)** _____ .

В Женеве прошли **(147)** _____ по мирному урегулированию конфликта.

Его королевское величество **(148)** _____ в бывшую колонию.

Загрязнение окружающей среды является проблемой **(149)** _____ значения.

Президенты двух стран договорились **(150)** _____ для снятия напряжённости между странами.

146	А	было свидание
	Б	прошла встреча
	В	состоялось собрание
	Г	был дан приём
147	А	разговоры
	Б	переговоры
	В	беседы
	Г	обсуждения
148	А	путешествовал
	Б	совершил визит
	В	съездил
	Г	поехал
149	А	глобального
	Б	большого
	В	важного
	Г	крупного
150	А	решить проблемы
	Б	решить вопрос
	В	что-то сделать
	Г	принять меры

Субтест 2. ЧТЕНИЕ

Инструкция по выполнению теста

- **Время выполнения теста — 60 минут.**

- Вы получили задания, инструкции к заданиям и матрицы.

- **Напишите в матрице фамилию, имя, страну и дату.**

- Тест состоит из 2 частей (25 заданий):

    часть 1 (задания 1–15) — выполняется на основе текстов 1, 2;
    часть 2 (задания 16–25) — выполняется на основе текста 3.

- При выполнении заданий части 2 **можно пользоваться толковым словарём.**

- В заданиях нужно выбрать вариант ответа и отметить его в матрице.

Например:

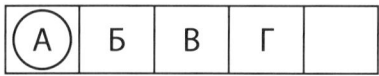

(Вы выбрали вариант А).

Если вы ошиблись и хотите исправить ошибку, сделайте так:

Например:

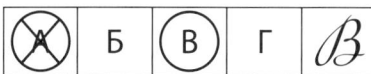

(Ваш выбор — вариант В, вариант А — ошибка).

Отмечайте ваш выбор только в матрице, в тесте ничего не пишите! Проверяться будет только матрица.

ЧАСТЬ 1

Инструкция по выполнению заданий 1–8

- Вам предъявляется текст.
- **Ваша задача** — прочитать текст и **закончить предложения**, данные после текста, выбрав один из вариантов ответа.
- Отметьте выбранный вариант ответа в матрице.
- **Время выполнения задания:** 15 минут.

Задания 1–8. Прочитайте текст 1, отрывок из **очерка** писателя Владимира Солоухина о русских иконах. Выполните задания после него. Выберите один вариант ответа.

Текст 1

Вы, наверное, знаете, что обострение интереса к древней русской живописи, а также к иконе возникло в шестидесятые годы XX столетия. Мы долго даже и не догадывались о том, что находится под чёрной олифой. Дело в том, что раньше икону покрывали олифой вместо лака, чтобы она не портилась и ярче сияла. Но олифа опасна. Через восемьдесят — сто лет она темнела, становилась настолько чёрной, что живопись была еле видна сквозь неё.

Звали мастеров для поновления, и они добросовестно поновляли: поверх олифы по контурам наносилась новая живопись, которую, в свою очередь, покрывали новой олифой.

За века накапливалось пять-шесть слоёв позднейших записей. Под ними и хранились живописные сокровища. С «Троицы» Андрея Рублёва — лучшей в мире иконы — при реставрации удалили восемь поздних слоёв. В Третьяковской галерее есть икона (дорублёвская «Троица» XV века), под которой хранится живопись XIII века. Расчистили квадрат на одежде сидящего ангела, и вот из расчищенного места смотрит огромный глаз... Но ведь для того, чтобы «освободить» тринадцатый век, нужно «удалить» пятнадцатый? Да, у реставраторов свои проблемы, свои тревоги, разочарования и радости.

Поверьте мне, что, глядя на иконы Русского музея, я не задавался вопросом, бывают ли золотые волосы, красные кони, а также столь удлинённые по отношению к размерам головы фигуры. Я думал больше о том, что вот висит несомненный шедевр, который хоть в Эрмитаж, хоть в Лувр, — а он уже в Русском музее! Столько изящества, вкуса, культуры, это образец высочайшего искусства.

Под иконой табличка: «Село Кривое». Где-нибудь на лесистых берегах Двины стояло это село. Бородатые охотники, рыбаки и пахари. Стряпухи, жнеи, матери. Белоголовые девчонки и мальчишки, бегущие с корзинками по грибы. Избы серые под холодными дождями. И в этом же самом селе — шедевры живописи, которые до сих пор удивляют и не перестанут удивлять целый мир.

(Солоухин В.А. Слово живое и мертвое. — М.: Современник, 1976. — 333 с.)

1. Интерес к древней русской иконе _____ .

А) возник в наше время

Б) усилился во 2-й половине XX века

В) появится только в будущем

2. Иконописцы использовали специальную жидкость (олифу), чтобы _____ .

А) сохранить яркость красок на изображении

Б) предохранить икону от действия влаги

В) сохранить деревянную основу иконы от насекомых

3. Олифа могла наноситься на изображение _____ .

А) только один раз

Б) не больше двух-трёх раз

В) много раз

4. Лучшей из всех созданных икон автор считает _____ .

А) «Троицу» Андрея Рублёва

Б) «Троицу», написанную в XV веке

В) икону, написанную в селе Кривое

5. Во время работы с иконой реставраторы _____ более поздние изображения.

А) с радостью удаляют

Б) стараются сохранить

В) сомневаются, удаляя

6. По мнению автора, соответствие изображений на иконах реальной жизни _____ .

А) очень важно для всех икон

Б) не важно для всех икон

В) важно для икон в музеях

7. Автор пишет о _____ .

А) происхождении сюжетов русской иконописи из картин сельской жизни

Б) соответствии простой сельской жизни искусству, которое там рождалось

В) контрасте между сельской жизнью и шедеврами живописи, которые там рождались

8. Автор _____ .

А) даёт бесстрастную информацию о древней русской живописи

Б) заинтересованно рассказывает об истории русской живописи

В) восхищается древней русской живописью и талантом иконописцев

Инструкция по выполнению заданий 9–15

- Вам предъявляется текст.
- **Ваша задача** — прочитать текст и **закончить предложения**, данные после текста, выбрав один из вариантов ответа.
- Отметьте выбранный вариант ответа в матрице.
- **Время выполнения задания:** 15 минут.

Задания 9–15. Прочитайте текст 2, **статью** о проблеме шумового загрязнения. Выполните задания после него. Выберите один вариант ответа.

Текст 2

Как часто мы слышим о проблемах загрязнения воздуха, воды, природы. Но в большом городе существует и другая проблема – шумовое загрязнение. «Шума стало настолько много, что он является характеристикой территории», —

говорит Ксения Майорова, научный сотрудник и преподаватель Высшей школы урбанистики.

Шумовое загрязнение началось во время урбанизации в середине XIX века — активно развивалась промышленность. Рабочий класс жил на территориях возле промышленных объектов, где был постоянный шум от станков и выбросы в воздух. «Никому не приходило в голову, что это вообще проблема». Обсуждение регулирования шума возникло лишь в 30–40-х годах XX века, а спустя пару десятилетий началась разработка правовой базы.

Согласно мнению экспертов Всемирной организации здравоохранения, шумовое загрязнение — один из самых опасных факторов окружающей среды, воздействующих на человека. Регулярное воздействие шума может привести к нарушению слуха, головным болям и к заболеваниям нервной системы. От шумового воздействия может быть и другой эффект: после долгой работы в громком офисе человеку может стать неуютно в отпуске в тишине.

Эксперт указывает, что жители больших городов часто сами увеличивают шумовое воздействие на себя — используют наушники с очень громкой музыкой, стараясь «перекричать» метрополитен или другие неприятные звуки. И тогда у человека включаются механизмы самозащиты и адаптации: чем больше человек подвергается шумовому воздействию, тем менее чувствителен он к нему становится.

«Это довольно серьёзные проблемы со здоровьем, которые могут быть связаны с такой, казалось бы, безобидной вещью, как шумы на улице», — рассуждает Ксения Майорова.

(По материалам сайта «Такие дела». — URL: https://takiedela.ru/news/2019/09/09/shumovoe-zagryaznenie/)

9. Шумовое загрязнение _____ .

А) существовало всегда

Б) появилось в эпоху индустриализации

В) возникло с появлением человека

10. Первые законы, регулирующие проблемы шумового загрязнения, появились в _____ .

   А) середине XIX века

   Б) 30–40-х годах XX века

   В) 50–60-х годах XX века

11. В современном большом городе шум _____ .

   А) является постоянной характеристикой

   Б) не считается критичным

   В) воспринимается как должное

12. Шумовое загрязнение оказывает негативное воздействие _____ здоровье человека.

   А) как на физическое, так и на психическое

   Б) на физическое

   В) на психическое

13. Человек, привыкший к шуму, _____ .

   А) предпочитает слушать тихую музыку

   Б) с трудом адаптируется к тишине

   В) чувствует себя некомфортно на отдыхе

14. Если человек слушает музыку на высокой громкости в наушниках, это _____ проблему.

   А) облегчает

   Б) усугубляет

   В) не влияет на

15. По мнению Ксении Майоровой, проблему шумового загрязнения люди _____ .

А) оценивают адекватно

Б) переоценивают

В) недооценивают

ЧАСТЬ 2

Инструкция по выполнению заданий 16–25

- Вам предъявляется отрывок из художественного текста.
- **Ваша задача** — прочитать текст и **закончить предложения**, данные после текста, выбрав один из вариантов ответа.
- Отметьте выбранный вариант в матрице.
- При выполнении задания можно пользоваться толковым словарём русского языка.
- **Время выполнения задания:** 30 минут.

Задания 16–25. Прочитайте текст 3, отрывок из **романа В. Набокова** «Защита Лужина». Выполните задания после него. Выберите один вариант ответа.

Текст 3

На следующее утро, ещё лежа в постели, он принял неслыханное решение. В школу он обыкновенно ездил на извозчике, всегда, кстати сказать, старательно изучая номер, разделяя его особым образом, чтобы сохранить его в памяти и вынуть его оттуда, если будет нужно. Но сегодня он

до школы не доехал, номера от волнения не запомнил и, боязливо озираясь, вышел на Караванной.

Он быстро пошёл по мокрому тротуару, бессознательно стараясь делать такие шаги, чтобы каждый раз каблук попадал на границу плиты. Но плиты были разной ширины, и это мешало ходьбе. Наконец, он увидел нужный ему дом, сливовый, с голыми стариками, напряжённо поддерживающими балкон. Он свернул в ворота и, прошмыгнув через двор, поднялся по лестнице и позвонил. «Ещё спят, — сказала горничная, глядя на него с удивлением. — Побудьте, что ли, вот тут».

Лужин свалил ранец с плеч, положил его подле себя на стол, где была незнакомая фотография отца (в одной руке книга, палец другой прижат к виску). Вошла тётя, — непричёсанная, в цветистом халате, с рукавами, как крылья. «Ты откуда? — воскликнула она. — А школа? Ах ты, смешной мальчик...»

Часа через два он вышел опять на улицу. Надо было как-нибудь провести время до часа обычных возвращений. Он побрёл в Таврический сад.

«Семейные обстоятельства», — ответил он на следующий день воспитателю, который без интереса спросил, почему он не был в школе. В четверг он ушёл из школы раньше и пропустил подряд три дня, после чего объяснил, что болело горло. А потом была уже целая неделя отсутствия, — упоительная, одуряющая неделя. Воспитатель позвонил узнать, что с ним. К телефону подошёл отец.

Когда Лужин около четырёх вернулся домой, у отца было лицо серое, глаза выпученные, а мать точно лишилась языка, задыхалась, а потом стала странно хохотать, с завыванием, с криками. Отец молча повёл его в кабинет и, сложив руки на груди, попросил объяснить. Лужин уставился в пол, соображая, способна ли тётя на предательство. На предательство она не может быть способна, да и откуда ей узнать, что он попался. «Отказываешься?» — спросил отец. Кроме того, ей как будто даже нравилось, что он пропускает школу. «Ну, послушай, — сказал отец примирительно, — давай говорить, как друзья». Лужин со вздохом сел на ручку кресла, продолжая глядеть в пол. «Как друзья, — ещё примирительнее повторил отец. — Оказывается, что ты несколько раз пропускал школу. И вот, мне хотелось бы знать, где ты был, что делал. Я даже понимаю, что, например, прекрасная погода и тянет гулять». «Да, тянет», — сказал Лужин, которому становилось скучно. Отец захотел узнать, где он гулял и давно ли у него такая потребность гулять. Затем он сказал о том, что у каждого человека есть долг, долг гражданина, семьянина, солдата, а также школьника. Лужин зевнул. «Иди к себе», — безнадёжно сказал отец и, когда тот вышел, долго стоял посреди кабинета и с тупым ужасом смотрел на дверь.

Жена, слушавшая из соседней комнаты, вошла, села на край оттоманки и опять разрыдалась. «Он обманывает, — повторяла она, — как и ты обманываешь. Я окружена обманом». Он только пожал плечами и подумал о

том, как грустно жить, как трудно исполнять долг, не встречаться, не звонить, не ходить туда, куда тянет неудержимо... а тут ещё с сыном... эти странности... это упрямство... Грусть, грусть, да и только.

16. Лужин относится к вещам и предметам, которые его окружают, _____ .

А) с большим вниманием

Б) равнодушно

В) со страхом

17. Автор описывает дом тёти Лужина как здание _____ .

А) в красно-синих тонах, украшенное скульптурами

Б) в желтовато-белых тонах, со скромными украшениями

В) в светло-розовых тонах, с аккуратными колоннами

18. Приходом Лужина тётя была _____ .

   А) удивлена и обрадована

   Б) неприятно удивлена

   В) расстроена

19. Узнав, что их сын пропускал занятия в школе, родители Лужина _____ .

   А) поражены

   Б) разочарованы

   В) расстроены

20. Отец старается говорить с сыном _____ .

   А) строго

   Б) дружески

   В) шутливо

21. Лужин во время разговора с отцом испытывает _____ .

   А) страх

   Б) стыд

   В) равнодушие

22. По мнению отца Лужина, все люди _____ .

   А) могут жить так, как им хочется

   Б) имеют свои обязанности

   В) должны делать только то, что им нравится

23. После разговора с сыном отец думает о долге _____ .

   А) с сожалением

   Б) с гордостью

   В) с удовлетворением

24. Разговор отца с сыном в кабинете _____ .

   А) слышал школьный воспитатель

   Б) никто не слышал

   В) слышала мама мальчика

25. Упрёки жены заставляют отца мальчика испытывать _____ .

   А) стыд и раскаяние

   Б) усталость и разочарование

   В) печаль и боль

Субтест 3. ПИСЬМО

Инструкция по выполнению теста

- **Время выполнения теста — 55 минут.**
- Вы получили задания, инструкции к заданиям и рабочие листы.
- **Напишите на рабочем листе фамилию, имя, страну и дату.**
- Тест состоит из 3 заданий.
- При выполнении теста **можно пользоваться толковым словарём.**

Инструкция по выполнению задания 1

- Вам будут предъявлены печатные тексты.
- **Ваша задача:** на основании прочитанного написать **личное письмо рекомендательного характера.**
- **Объём печатного текста:** 180 слов.
- **Время выполнения задания:** 15 минут.
- **Объём текста:** 50–70 слов.

Задание 1. Ваш друг работает в России и ищет детский кружок, секцию или клуб, где его ребёнок — сын или дочь, мог бы заниматься в свободное время. Внимательно прочитайте все рекламные сообщения, выберите **соответствующие** и напишите **своему другу письмо**, где **советуете** ему **(2–3 места), куда** лучше определить ребёнка и **почему**. Ваше письмо должно содержать **информацию и аргументы, достаточные для принятия решения.**

Академия иностранных языков и мировых культур

приглашает абитуриентов для обучения по следующим специальностям:

- **переводчик,**
- **экскурсовод,**
- **преподаватель,**
- **консультант по туризму.**

Литейный пр., д. 10
Тел.: 364-54-92, 364-54-94, 364-54-95

«Шахматный клуб четырёх коней»

приглашает детей 4–16 лет

научиться древней, но всё такой же увлекательной игре!

Ждём вас ежедневно с 10 до 18 ч. по адресу: Старо-Петергофский пр., д. 35.

Бассейн школы № 233

Приглашает детей и подростков 7–16 лет, обучающихся в городских школах.

Занятия в бассейне проходят ежедневно с 15.00 до 20.00.

Формируем группы по возрасту, возможны индивидуальные занятия (платно).

Наш адрес: Садовый пр., д. 13.
Тел.: (812) 525-55-64, 525-57-68

Спортивный клуб «Вперёд!»

приглашает школьников
на занятия спортом.

В нашем клубе работают:
футбольная, волейбольная,
баскетбольная, шахматная секции,
а также секции настольного тенниса
и лёгкой атлетики.

Запись по телефону 277-13-15
с понедельника по пятницу
в рабочее время

Клуб «Творчество»

приглашает детей и подростков на занятия!

В наших кружках вы сможете заниматься пением, танцами, спортом.

Опытные педагоги также научат желающих актёрскому мастерству.

Занятия проводятся ежедневно с 18 до 20 часов.

Справки по телефону 324-23-88.

Ждём вас по адресу: Нарвский пр., д. 23/2

Подростковый туристический клуб «Орлёнок»

приглашает детей и подростков 10–16 лет.

У нас вы сможете:

• научиться преодолевать свои страхи,
• найти новых друзей,
• развить свои лидерские качества.

В течение года вас ждут занятия и тренировки, а полученная в клубе подготовка позволит отправиться на летних каникулах в экспедиции в Карелию, на Урал или Кавказ.

Занятия бесплатные.

Малый пр., д. 15
(м. «Василеостровская»)
Тел.: (812) 314-75-38, 314-75-80

Инструкция по выполнению задания 2

- Вам предлагается ситуация, относящаяся к официально-деловой сфере общения.
- **Ваша задача**: написать текст **официально-делового характера** в соответствии с представленной ситуацией и предложенным заданием.
- **Время выполнения задания:** 15 минут.
- **Объём текста:** 30–50 слов.

Задание 2. Вы — сотрудник российской компании. Вам запланирован ежегодный отпуск на июнь, но по семейным обстоятельствам вам нужен отпуск в мае. Напишите **заявление** на имя руководителя компании **с просьбой** предоставить вам отпуск в удобное для вас время; **аргументируйте** свою просьбу.

Инструкция по выполнению задания 3

- Вам предлагается ситуация, относящаяся к **социально-бытовой сфере** общения.
- **Ваша задача:** написать неформальное письмо в соответствии с представленной ситуацией и предложенным заданием.
- **Время выполнения задания:** 20 минут.
- **Объём текста:** 100–150 слов.

Задание 3. Ваш знакомый — руководитель туристической компании — ищет сотрудника на должность экскурсовода для работы с туристами из вашей страны.

Ваша задача: написать **дружеское письмо**, в котором вы должны **охарактеризовать** вашего знакомого, а именно его:

- характер;
- образование;
- профессиональные качества;
- опыт работы;
- сферу интересов;
- обстоятельства знакомства с этим человеком.

Также вам нужно выразить **мнение** о том, справится ли ваш знакомый с этой работой.

Субтест 4. АУДИРОВАНИЕ

Инструкция по выполнению теста

- **Время выполнения теста — 35 минут.**
- Вы получили задания, инструкции к заданиям и матрицы.
- **Напишите в матрице фамилию, имя, страну и дату.**
- Тест состоит из 2 частей (25 заданий).
- При выполнении теста **пользоваться словарём нельзя.**
- Слушайте аудиотексты и смотрите видеосюжеты.
- **Все материалы демонстрируются один раз.**
- В заданиях нужно выбрать вариант ответа и отметить его в матрице.

Например:

(Вы выбрали вариант А).

Если вы ошиблись и хотите исправить ошибку, сделайте так:

Например:

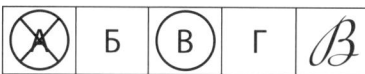

(Ваш выбор — вариант В, вариант А — ошибка).

Отмечайте ваш выбор только в матрице, в тесте ничего не пишите! Проверяться будет только матрица.

ЧАСТЬ 1

Инструкция по выполнению заданий 1–5

- **Задания 1–5** выполняются после прослушивания реплики одного из участников диалога.
- **Время выполнения заданий:** 5 минут.
- **Время звучания реплики:** 30 секунд.

Задания 1–5. Прослушайте реплику одного из участников **диалога** и выберите один вариант ответа к каждому из заданий.

(Звучит реплика одного из участников.)

1. Говорящий считает, что _____ .

   А) он ошибся в выборе жанра книги

   Б) у автора купленной им книги плохой язык

   В) он напрасно купил книгу

2. Говорящий _____ .

   А) регулярно бывает в книжных магазинах

   Б) бывает в книжных магазинах очень редко

   В) никогда не бывает в книжных магазинах

3. Говорящий предпочитает читать произведения _____ .

   А) современных писателей

   Б) классиков

   В) фантастов

4. Говорящий _____ .

   А) радуется вниманию читателей к современной прозе

   Б) удивлен тем, что современная литература вызывает интерес

В) огорчён отсутствием интереса читателей к современной литературе

5. Говорящий и слушающий — люди _____ .

А) разного возраста и разного социального положения

Б) мало знакомы друг с другом

В) одного возраста и хорошо знакомы друг с другом

Инструкция по выполнению заданий 6–10

- **Задания 6–10** выполняются после прослушивания сообщения.
- **Время выполнения заданий:** 5 минут.
- **Время звучания сообщения:** 30 секунд.

Задания 6–10. Прослушайте **объявление** и выберите один вариант ответа к каждому из заданий.

(Звучит объявление.)

6. Международная филологическая конференция состоится в _____ 2017 года.

А) январе

Б) марте

В) мае

7. На конференции можно делать доклады _____ .

А) только на русском языке

Б) на русском или на английском языке

В) только на английском языке

8. Принять участие в конференции могут _____ .

А) студенты университета

Б) только преподаватели университета

В) учёные, преподаватели и аспиранты

9. Заявки на участие в конференции и тезисы докладов _____ .

А) можно оставить на сайте филологического факультета

Б) нужно прислать в университет по почте

В) необходимо принести в университет

10. В сборнике статей будут опубликованы доклады _____ .

А) всех участников конференции, которые прислали материалы

Б) которые будут отобраны организаторами конференции

В) доклады тех участников конференции, которые заплатят за публикацию

ЧАСТЬ 2

Инструкция по выполнению заданий 11–15

- **Задания 11–15** выполняются после просмотра видеозаписи.
- **Время выполнения заданий:** 5 минут.
- **Время звучания диалога:** 2 минуты.

Задания 11–15. Посмотрите **фрагмент кинофильма** «Карнавал» (киностудия им. М. Горького, реж. Т. Лиознова, 1981 год).

Мужчину зовут Женя, девушку — Нина; она — социальный работник, помогает по хозяйству Жене и его сыну Коле.

Выберите один вариант ответа к каждому из заданий.

(Идёт видеозапись кинофильма.)

11. Нина _____ .

    А) любит курить

    Б) часто курит

    В) никогда не курит

12. Женя и его супруга решили _____ .

    А) пожениться

    Б) расстаться

    В) переехать в другой город

13. Коля будет жить с _____ .

    А) мамой

    Б) папой

    В) Ниной

14. Нина днём _____ остаться с Колей.

    А) должна

    Б) хочет

    В) может

15. Женя приглашает Нину сходить в театр, потому что _____ .

    А) в театре будет интересный спектакль

    Б) они давно не были в театре

    В) он хочет встретиться с Ниной

Инструкция по выполнению заданий 16–20

- **Задания 16–20** выполняются после прослушивания аудиозаписи новостей.
- **Время выполнения заданий:** 5 минут.
- **Время звучания диалога:** 2 минуты.

Задание 16–20. Прослушайте аудиозапись **новостей** и выберите один вариант ответа к каждому из заданий.

(Звучит аудиозапись новостей.)

16. Цены на нефть в настоящее время _____ .

  А) растут

  Б) снижаются

  В) не изменяются

17. Фильм «Звёздные войны: Пробуждение силы» занимает _____ место по кассовым сборам.

  А) первое

  Б) второе

  В) третье

18. Право контроля над морскими территориями предоставляет _____ .

  А) Европейский союз

  Б) Организация Объединённых Наций

  В) Евразийский экономический союз

19. Фильм о поэте Велимире Хлебникове снимается в _____ .

  А) Петербурге

  Б) Москве

В) Нижнем Новгороде

20. Владимир Зельдин — известный российский _____ .

А) актёр театра и кино

Б) театральный режиссёр

В) продюсер

Инструкция по выполнению заданий 21–25

- **Задания 21–25** выполняются после просмотра видеозаписи.
- **Время выполнения заданий:** 5 минут.
- **Время звучания диалога:** 2 минуты.

Задания 21–25. Посмотрите фрагмент **ток-шоу**, встречи зрителей с артистом театра и кино Максимом Авериным, и выберите один вариант ответа к каждому из заданий.

(Идёт видеозапись встречи.)

21. Максим Аверин считает себя артистом, который _____ .

А) способен сделать ещё очень многое

Б) уже добился максимальной известности

В) ещё мало кому известен

22. Первую роль Максим Аверин сыграл в _____ .

А) три года

Б) пять лет

В) семь лет

23. Максим Аверин мечтал стать артистом _____ .

А) с раннего детства

Б) только в юности

В) в зрелом возрасте

24. Театр для Максима Аверина — _____ .

А) дополнительный способ дохода

Б) лучшая возможность самореализации

В) неотъемлемая часть его жизни

25. Выступление Максима Аверина производит впечатление _____ .

А) хорошо продуманного монолога

Б) монолога, который мало интересен самому артисту

В) искреннего и эмоционального рассказа

Субтест 5. ГОВОРЕНИЕ

Инструкция по выполнению теста

- **Время выполнения теста — 45 минут.**
- Вы получили задания, инструкции к заданиям и рабочий лист.
- Тест состоит из 3 частей (15 заданий).
- Ваш собеседник — тестор. Это означает, что роль вашего собеседника в соответствии с предъявленным заданием выполняет тестор.
- При выполнении заданий **пользоваться словарём нельзя.**
- Ваши ответы записываются на электронный носитель.

ЧАСТЬ 1

Инструкция по выполнению заданий 1–4

- **Ваша задача — поддержать диалог** в соответствии с заданием.
- **Задание выполняется без подготовки.**
- **Время выполнения задания:** 1,5 минуты.
- **Пауза для ответа:** 10 секунд.

Задания 1–4. Представьте себе, что вы вместе с другом посетили выставку фотографии. Вам выставка понравилась, а ему — не понравилась. **Возразите своему собеседнику.** Используйте антонимичные оценочные слова.

1. – Мне кажется, выставка просто ужасная!
– _____ .

2. – Все работы скучные и однообразные!
– _____ .

3. – Сюжеты фотографий какие-то фальшивые!
– _____ .

4. – Не стоило сюда идти — смотреть не на что!
– _____ .

Инструкция по выполнению заданий 5–8

- **Ваша задача — ответить** на реплики собеседника в соответствии с заданной ситуацией и указанным намерением.
- **Задание выполняется без подготовки.**
- **Время выполнения задания:** 1,5 минуты.
- **Пауза для ответа:** 15 секунд.

Задания 5–8. Вы разговариваете с агентом по недвижимости, который по вашей просьбе искал вам квартиру для проживания на время учёбы/работы. **Отреагируйте на реплики собеседника,** выражая заданное намерение.

5. Выразите радость:

– Мы наконец смогли найти для вас просторную, светлую, удобную квартиру рядом с метро!

– _____ .

6. Выразите удивление:

– Сейчас в нашем городе очень трудно найти такую квартиру.

– _____.

7. Выразите сожаление:

– Есть одно обстоятельство. Переехать в эту квартиру вы сможете только через месяц.

– _____.

8. Выразите недовольство:

– Платить за эту квартиру придётся довольно много: 60 тысяч рублей в месяц. Это примерно 800 евро!

– _____.

Инструкция по выполнению заданий 9–12

- Вам будут предъявлены 4 реплики в письменном виде.
- **Ваша задача — воспроизвести реплики с интонацией,** соответствующей намерению, которое предложено в задании.
- **Задание выполняется без подготовки.**
- **Время выполнения задания:** 1,5 минуты.

Задания 9–12. Воспроизведите реплики с интонацией, соответствующей следующим намерениям:

9. Вы разочарованы: – Опять дождь// Только собрался на улицу//

10. Вы рады: – Наконец-то я нашёл свои старые фотографии// Сто лет их искал//

11. **Вы недовольны:** – Мы должны были встретиться час назад// Где ты ходишь//

12. **Вы грустите:** – Мой друг два года назад уехал в другую страну// Очень скучаю по нему//

Инструкция по выполнению задания 13

- Задание выполняется после просмотра **видеосюжета.**
- **Ваша задача — составить подробный рассказ** об увиденном и высказать предположение, почему это произошло.
- **Длина видеосюжета:** 1 минута 45 секунд.
- **Время на подготовку:** 10 минут.
- **Время выполнения задания:** 3–5 минут.

Задание 13. Расскажите об увиденном друзьям. Опишите ситуацию, действующих лиц и выскажите предположение, почему, по вашему мнению, возникла такая ситуация.

 **Просмотр видеосюжета из кинофильма «Хороший мальчик»**
(кинокомпания «2Д Целлулоид», «Арт Пикчерс Студия», реж. О. Карас, 2016 год).

Инструкция по выполнению задания 14

- Вы — инициатор диалога.
- **Ваш собеседник — тестор.**

- **Ваша задача — подробно расспросить** своего собеседника в соответствии с предложенным заданием.
- **Время на подготовку:** 3 минуты.
- **Время выполнения задания:** 3–5 минут.

Задание 14. Вы прочитали в интернете объявление о продаже квартир:

> Строительная компания «Монолит» предлагает квартиры в строящихся и недавно построенных домах на выгодных для покупателя условиях:
>
> ▶ сезонные скидки каждому покупателю;
>
> ▶ особые условия продажи жилья молодожёнам;
>
> ▶ возможен кредит у любого из трёх банков-партнёров нашей компании;
>
> ▶ при 100-процентной предоплате — приятный сюрприз от компании!
>
> Более подробную информацию вы можете получить по телефонам:
>
> (812) 313–88–88, 313–89–90.

Это объявление вас заинтересовало. Позвоните по указанному телефону и **расспросите** обо всём как можно более подробно, чтобы принять решение о покупке.

Инструкция по выполнению задания 15

- Вы должны принять участие в **обсуждении** определённой **проблемы**.
- **Ваш собеседник — тестор.**
- **Ваша задача** — в процессе беседы **высказать свою точку зрения** по предложенному вопросу, адекватно реагируя на реплики тестора.
- **Задание выполняется без подготовки.**
- **Время выполнения задания:** не более 10 минут.

Задание 15. Примите участие в беседе на тему, предложенную тестором. Сферу обсуждения можете выбрать вы, а тему или проблему обсуждения предложит вам тестор. Это может быть обсуждение в сфере экономики, экологии, науки и образования, культуры, социальных проблем и т. д.

2부 정답

Контрольные матрицы

ЛЕКСИКА. ГРАММАТИКА

어휘, 문법 영역 정답

МАКСИМАЛЬНОЕ КОЛИЧЕСТВО БАЛЛОВ — 150.

ЧАСТЬ 1					
1	А	Б	**В**	Г	1
2	А	**Б**	В	Г	1
3	А	Б	В	**Г**	1
4	А	**Б**	В	Г	1
5	А	Б	**В**	Г	1
6	А	Б	**В**	Г	1
7	А	**Б**	В	Г	1
8	А	Б	В	**Г**	1
9	А	**Б**			1
10	**А**	Б			1
11	А	**Б**			1
12	А	**Б**			1
13	**А**	Б			1
14	А	**Б**			1
15	**А**	Б			1
16	**А**	Б			1
17	А	**Б**			1
18	**А**	Б			1
19	А	**Б**			1
20	**А**	Б			1
21	**А**	Б			1
22	А	**Б**			1
23	А	**Б**			1
24	**А**	Б			1
25	**А**	Б			1
ЧАСТЬ 2					
26	А	Б	В	**Г**	1
27	**А**	Б	В	Г	1
28	А	**Б**	В	Г	1
29	**А**	Б	В	Г	1
30	А	Б	**В**	Г	1
31	А	**Б**	В	Г	1
32	А	Б	В	**Г**	1
33	А	Б	**В**	Г	1
34	**А**	Б	В	Г	1
35	А	Б	**В**	Г	1
36	**А**	Б	В	Г	1
37	А	Б	**В**	Г	1
38	**А**	Б	В	Г	1
39	А	Б	**В**	Г	1
40	**А**	Б	В	Г	1

№					
41	А	Б	В	**Г**	1
42	А	**Б**	В	Г	1
43	А	**Б**	В	Г	1
44	**А**	Б	В	Г	1
45	А	Б	В	**Г**	1
46	А	Б	**В**	Г	1
47	А	**Б**	В	Г	1
48	А	**Б**	В	Г	1
49	А	Б	В	**Г**	1
50	**А**	Б	В	Г	1

ЧАСТЬ 3

№					
51	А	Б	**В**	Г	1
52	А	**Б**	В	Г	1
53	А	Б	В	**Г**	1
54	**А**	Б	В	Г	1
55	А	**Б**	В	Г	1
56	**А**	Б	В	Г	1
57	А	Б	В	**Г**	1
58	**А**	Б	В	Г	1
59	А	Б	**В**	Г	1
60	**А**	Б	В	Г	1
61	А	**Б**	В	Г	1
62	**А**	Б	В	Г	1
63	А	**Б**	В	Г	1
64	**А**	Б	В	Г	1
65	**А**	Б	В	Г	1
66	А	Б	В	**Г**	1

№					
67	**А**	Б	В	Г	1
68	А	Б	**В**	Г	1
69	А	Б	В	**Г**	1
70	**А**	Б	В	Г	1
71	А	**Б**	В	Г	1
72	А	**Б**	В	Г	1
73	А	Б	В	**Г**	1
74	А	**Б**	В	Г	1
75	А	Б	В	**Г**	1

ЧАСТЬ 4

№					
76	А	**Б**	В	Г	1
77	А	Б	В	**Г**	1
78	А	Б	В	**Г**	1
79	А	**Б**	В	Г	1
80	А	**Б**	В	Г	1
81	**А**	Б	В	Г	1
82	А	Б	В	**Г**	1
83	А	Б	**В**	Г	1
84	А	Б	**В**	Г	1
85	А	Б	В	**Г**	1
86	**А**	Б	В	Г	1
87	А	Б	**В**	Г	1
88	А	Б	**В**	Г	1
89	А	Б	В	**Г**	1
90	**А**	Б	В	Г	1
91	**А**	Б	В	Г	1
92	А	Б	В	**Г**	1

№					
93	А	Б	В	**Г**	1
94	А	Б	В	**Г**	1
95	А	**Б**	В	Г	1
96	А	**Б**	В	Г	1
97	**А**	Б	В	Г	1
98	А	**Б**	В	Г	1
99	А	Б	В	**Г**	1
100	А	Б	**В**	Г	1

ЧАСТЬ 5

№					
101	А	Б	**В**	Г	1
102	А	**Б**	В	Г	1
103	А	Б	В	**Г**	1
104	А	Б	**В**	Г	1
105	А	**Б**	В	Г	1
106	А	Б	**В**	Г	1
107	А	Б	**В**	Г	1
108	А	**Б**	В	Г	1
109	**А**	Б	В	Г	1
110	А	**Б**	В	Г	1
111	А	**Б**	В	Г	1
112	А	Б	В	**Г**	1
113	А	**Б**	В	Г	1
114	А	Б	**В**	Г	1
115	А	Б	В	**Г**	1
116	А	Б	В	**Г**	1
117	А	**Б**	В	Г	1
118	А	Б	**В**	Г	1

№					
119	А	**Б**	В	Г	1
120	**А**	Б	В	Г	1
121	А	Б	В	**Г**	1
122	А	Б	В	**Г**	1
123	А	**Б**	В	Г	1
124	**А**	Б	В	Г	1
125	А	**Б**	В	Г	1

ЧАСТЬ 6

№					
126	А	Б	**В**	Г	1
127	А	Б	**В**	Г	1
128	А	Б	В	**Г**	1
129	**А**	Б	В	Г	1
130	А	**Б**	В	Г	1
131	А	Б	**В**	Г	1
132	А	**Б**	В	Г	1
133	А	Б	**В**	Г	1
134	А	**Б**	В	Г	1
135	**А**	Б	В	Г	1
136	А	**Б**	В	Г	1
137	А	Б	**В**	Г	1
138	А	**Б**	В	Г	1
139	**А**	Б	В	Г	1
140	**А**	Б	В	Г	1
141	А	**Б**	В	Г	1
142	А	**Б**	В	Г	1
143	А	Б	**В**	Г	1
144	А	**Б**	В	Г	1

145	**А**	Б	В	Г	1
146	А	Б	В	**Г**	1
147	А	**Б**	В	Г	1
148	А	**Б**	В	Г	1
149	**А**	Б	В	Г	1
150	А	Б	В	**Г**	1

ЧТЕНИЕ

읽기 영역 정답

МАКСИМАЛЬНОЕ КОЛИЧЕСТВО БАЛЛОВ — 150.

№	А	Б	В	Г
1	А	**Б**	В	Г
2	**А**	Б	В	Г
3	А	Б	**В**	Г
4	**А**	Б	В	Г
5	А	Б	**В**	Г
6	А	**Б**	В	Г
7	А	Б	**В**	Г
8	А	Б	**В**	Г
9	А	**Б**	В	Г
10	А	Б	**В**	Г
11	**А**	Б	В	Г
12	**А**	Б	В	Г
13	А	**Б**	В	Г
14	А	**Б**	В	Г

№	А	Б	В	Г
15	А	Б	**В**	Г
16	**А**	Б	В	Г
17	**А**	Б	В	Г
18	**А**	Б	В	Г
19	**А**	Б	В	Г
20	А	**Б**	В	Г
21	А	Б	**В**	Г
22	А	**Б**	В	Г
23	**А**	Б	В	Г
24	А	Б	**В**	Г
25	А	Б	**В**	Г

ПИСЬМО
쓰기 영역 예시 답안

***Задание 1.** Ваш друг работает в России и ищет детский кружок, секцию или клуб, где его ребёнок – сын или дочь, мог бы заниматься в свободное время. Внимательно прочитайте все рекламные сообщения, выберите соответствующие и напишите своему другу письмо, где советуете ему (2-3 места), куда лучше определить ребёнка и почему. Ваше письмо должно содержать информацию и аргументы, достаточные для принятия решения.*

Первый вариант ответа

Марина, здравствуй!

По твоей просьбе я нашла несколько очень хороших спортивных клубов для твоего сына.

Я хочу порекомендовать тебе спортивный клуб «Вперёд!». В этом клубе есть большой выбор секций по разным видам спорта: футболу, волейболу, баскетболу. Ещё там есть секции настольного тенниса и лёгкой атлетики. Твой сын может выбрать ту секцию, которая ему нравится больше, или даже записаться на несколько секций сразу.

Также я могу посоветовать секцию плавания «Дельфин». Бассейн находится при школе, в которой учится твой сын. Он может сразу после школы идти на плавание. Я думаю, там будет много его друзей. Занятия проходят каждый день с трёх часов. В бассейне формируют группы по возрасту, но также можно записаться и на индивидуальные занятия.

Надеюсь, мои рекомендации помогут тебе в выборе секции.

Удачи тебе и твоему сыну!

Второй вариант ответа

Привет, Олег!

Я с удовольствием помогу тебе выбрать кружок для твоей дочери.

Могу порекомендовать тебе «Шахматный клуб четырёх коней». Туда принимают даже маленьких детей с четырёх лет. Шахматный клуб работает ежедневно, так что ты сможешь водить свою дочь по выходным. Шахматы помогают развивать мышление и логику ребёнка. Я думаю, твоей дочери понравится проводить свободное время, играя в шахматы.

Ещё недалеко от вашего дома есть клуб «Творчество». В этом клубе дети занимаются пением, танцами, спортом, но самое главное, там есть кружок по актёрскому мастерству. Твоя дочь ведь очень хорошо читает стихи. Мне кажется, у твоей дочери есть талант к актёрскому мастерству. Ты можешь позвонить по номеру 324-23-88 и узнать подробнее о занятиях.

Надеюсь, ты сможешь выбрать хороший кружок для своей дочери. Если у тебя будут вопросы, пиши!

Пока!

Задание 2. **Вы – сотрудник российской компании. Вам запланирован ежегодный отпуск на июнь, но по семейным обстоятельствам вам нужен отпуск в мае. Напишите заявление на имя руководителя компании с просьбой предоставить вам отпуск в удобное для вас время; аргументируйте свою просьбу.**

Первый вариант ответа

Генеральному директору

ООО «Доброе утро»

Михайлову Д. К.

от менеджера-переводчика

Ким Суджин

Заявление о переносе отпуска

Прошу Вас перенести мой ежегодный отпуск, который по графику запланирован в период с 07.06.2021 г. по 27.06.2021 г., на период с 10.05.2021 г. по 23.05.2021 г. по семейным обстоятельствам.

Ким Суджин

20.04.2021

Второй вариант ответа

Директору языкового центра «Радуга»

Петровой Н. А.

от преподавателя английского языка

Филиппа Грея

В связи с возникшими семейными обстоятельствами прошу перенести назначенный мне по графику отпусков с 1 по 14 июня 2021 года ежегодный отпуск на период с 3 по 16 июня 2021 года.

Филипп Грей

6 июня 2021 года

Задание 3. **Ваш знакомый – руководитель туристической компании – ищет сотрудника на должность экскурсовода для работы с туристами из вашей страны.**

Ваша задача: написать дружеское письмо, в котором вы должны охарактеризовать вашего знакомого, а именно его:

- характер;

- образование;

- профессиональные качества;

- опыт работы;

- сферу интересов;

- обстоятельства знакомства с этим человеком.

Также вам нужно выразить мнение о том, справится ли ваш знакомый с этой работой.

Первый вариант ответа

Здравствуй, Паша!

Отвечаю на твою просьбу.

У меня есть знакомый, который прекрасно справится с подобной работой. Его зовут Квон Тэхён, он окончил Университет иностранных языков в Сеуле по специальности «Русский язык и литература». Во время учёбы в университете он несколько раз ездил в Москву на стажировку. Поэтому он очень много знает о России и свободно говорит по-русски.

После окончания университета он прошёл курсы подготовки экскурсоводов зарубежного тура со специализацией по России. Мы как раз познакомились на этих курсах. Тэхён был один из лучших учеников. После курсов он три месяца проходил стажировку в корейской туристической компании.

Тэхён очень весёлый и энергичный, поэтому с ним никогда не бывает скучно. Ещё он очень интеллигентный и эрудированный человек. А ведь это очень важное качество для работы экскурсоводом. В свободное время Тэхён любит изучать иностранные языки и путешествовать.

Паша, думаю, Тэхён – именно тот человек, который тебе нужен. Советую тебе, не упустить такого работника.

До свидания!

Минсу

Второй вариант ответа

Кирилл, привет!

Пишу по поводу нового сотрудника в твою компанию.

Я хочу порекомендовать тебе мою подругу Лили. Я знаю Лили ещё со школы, мы были одноклассницами.

Три года назад Лили окончила Пекинский университет по специальности «Международный туризм». После окончания университета она год училась на языковых курсах в России. Затем она вернулась в Китай и устроилась гидом-переводчиком в туристическую компанию в Пекине, где она работала с туристами из России.

Лили очень любит Россию. Она много читает о России и постоянно совершенствует свой русский. Также Лили свободно говорит и на английском языке. У неё много иностранных друзей. В свободное время она любит отдыхать с друзьями на природе или ходить в горы.

Что касается характера, Лили очень ответственный и пунктуальный человек. Она быстро решает проблемы и может найти выход из любой ситуации.

Мне кажется, Лили отлично подойдёт на должность экскурсовода, но решение за тобой.

С нетерпением жду ответа!

Мей

АУДИРОВАНИЕ

듣기 영역 정답

МАКСИМАЛЬНОЕ КОЛИЧЕСТВО БАЛЛОВ ЗА ТЕСТ – 150.

#					#				
1	А	Б	**В**	б	20	**А**	Б	В	б
2	**А**	Б	В	б	21	**А**	Б	В	б
3	А	**Б**	В	б	22	А	**Б**	В	б
4	А	**Б**	В	б	23	**А**	Б	В	б
5	А	Б	**В**	б	24	А	Б	**В**	б
6	А	**Б**	В	б	25	А	Б	**В**	б
7	А	**Б**	В	б					
8	А	Б	**В**	б					
9	**А**	Б	В	б					
10	А	**Б**	В	б					
11	А	Б	**В**	б					
12	А	**Б**	В	б					
13	А	**Б**	В	б					
14	А	Б	**В**	б					
15	А	Б	**В**	б					
16	А	**Б**	В	б					
17	А	Б	**В**	б					
18	А	**Б**	В	б					
19	**А**	Б	В	б					

녹음 원문

ЧАСТЬ 1

Задания 1–5. **Прослушайте реплику одного из участников диалога и выберите один вариант ответа к каждому из заданий.**

Не понимаю я современных писателей// Шума много/ смысла мало// Все про них говорят/ каждого считают гением/ а на самом деле// Специально купил книжку одного такого гения/ 20 страниц прочитал и понял/ что ничего не понял/ Только представь/ 300 рублей зря потратил// В выходные снова пойду в Дом книги/ посмотрю на этот раз что-нибудь из более привычного для себя — из классики//

Задания 6–10. **Прослушайте объявление и выберите один вариант ответа к каждому из заданий.**

Филологический факультет Санкт-Петербургского государственного университета приглашает принять участие в 46-й Международной конференции/ которая пройдёт с 14 по 19 марта 2017 года//

Рабочий язык конференции — русский и английский// К очному участию приглашаются учёные/ преподаватели/ аспиранты// Заочное участие не предусмотрено// Заявки на участие в конференции и тезисы докладов принимаются по 25 января 2017 года включительно на сайте филологического факультета//

Планируется издание сборника статей/ в который войдут доклады/ отобранные оргкомитетом конференции//

Конференция состоится по адресу/ Санкт-Петербург/ Университетская набережная/ дом 11/ филологический факультет Санкт-Петербургского государственного университета//

ЧАСТЬ 2

Задания 11–15. **Посмотрите фрагмент кинофильма («Карнавал», киностудия им. М. Горького, реж. Т. Лиознова, 1981 год). Мужчину зовут Женя, девушку — Нина; она — социальный работник, помогает по хозяйству Жене и его сыну Коле. Выберите один вариант ответа к каждому из заданий.**

Нина: Здрасьте//

Женя: Здравствуйте//

Нина: Вот/ бельё из прачечной принесла// Вот//

Женя: Спасибо//

Нина: А это Колины сапоги из ремонта// Их хорошо сделали/ как нужно// Всё что нужно/ все продукты купила// Ой не та сумка// Вы знаете/ это не та сумка//

Женя: Я/ у меня к вам// Даже не знаю как сказать// Вы не хотите закурить//

Нина: Да я не курю//

Женя: Вы не смогли бы побыть сегодня с Колей// Я/ мне надо уйти/ мы разводимся с Катей// Вы не смогли бы побыть с Колей//

Нина: Да конечно// Господи// Да что ж это//

Женя: Это старая история//

Нина: Как же так// А как Коля-то//

Женя: Как// Современные дети// Пусть привыкает к трудностям// О Коле мы договорились// Я оставляю его у себя// Мы так договорились//

Нина: Но ведь же мать//

Женя: А отец// Отец что/ ничего что ли//

Нина: Да/ я побуду с Колей// Только вы знаете/ мне нужно позвонить одной старушке/ Я ей должна сейчас творог купить// Вернее/ я уже купила/ мне только нужно отнести// Это тут недалеко на улице Разина//

Женя: Да я отнесу//

Нина: М-м-м спасибо//

Женя: Скажите вы не смогли бы сегодня вечером пойти со мной в кино/ театр// С Колей останется мама// Она вечером может// Пойдёмте в какой-нибудь замшелый театр// А у вас вечер свободный// Пожалуйста, мне это очень нужно//

Нина: Да свободный// У меня как раз сегодня свободный вечер//

Женя: Спасибо//

Задания 16–20. **Прослушайте аудиозапись новостей и выберите один вариант ответа к каждому из заданий.**

Добрый вечер// В эфире новости//

▶ Мировые цены на нефть продолжили снижение// Стоимость февральских фьючерсов на нефть на лондонской бирже составила 36,17 доллара за баррель/

обновив минимальные значения с 13 июля 2004 года// По мнению экспертов/ мировые цены на нефть продолжат снижение в связи с её переизбытком на рынке/ а также в связи со снятием санкций с Ирана/ который обладает большими запасами нефти//

▶ Фильм «Звёздные войны/ Пробуждение силы»/ премьера которого состоялась в декабре 2015 года/ продолжает бить рекорды по кассовым сборам// На сегодняшний день приключенческий боевик собрал в прокате более полутора миллиардов долларов и вышел на третье место в списке самых кассовых фильмов в истории// Тем не менее эксперты считают/ что он не сможет обогнать по сборам фантастическую драму «Аватар»/ получившую 2,7 миллиарда долларов//

▶ Министерство природы Российской Федерации готово подать заявку в ООН на расширение Арктического шельфа/ рассказал руководитель ведомства Сергей Донской// Напомним/ именно Организация Объединённых Наций предоставляет государствам право контроля над морским шельфом/ находящимся рядом с государственными границами// Как известно/ морской шельф богат полезными ископаемыми/ нефтью, газом, ценными металлами//

▶ А теперь к новостям культуры// В Петербурге снимают фильм про гениального поэта Велимира Хлебникова, жившего в начале XX века// Известный петербургский режиссёр Ирина Евтеева работает над картиной «Творения Велимира Хлебникова»// 39-минутный фильм планируют выпустить в конце 2017 года//

▶ Президент России Владимир Путин поздравил актёра театра и кино Владимира Зельдина со 100-летним юбилеем/ сообщила пресс-служба Кремля// «Хочу отметить/ что благодаря постоянному труду и особой жизненной закалке Вам через годы удалось пронести молодость души и талант/ сохранить оптимизм и неизменную доброжелательность»/ — отметил президент//

Задания 21–25. **Посмотрите фрагмент ток-шоу, встречи зрителей с артистом театра и кино Максимом Авериным, и выберите один вариант ответа к каждому из заданий.**

Добрый вечер/ дорогие друзья// Спасибо// Меня зовут Максим Аверин// Я очень рад/ что вы сегодня ко мне пришли// Я должен буду видимо какую-то линию подвести жизни/ но она/ наверное/ всё-таки скорее пока ещё пунктиром идёт/ потому что мне кажется что в тридцать девять лет я ещё пока подающий надежды артист// Что я о себе могу сказать// О себе могу сказать так что детство я своё не помню/ потому что оно началось именно на киностудии «Мосфильм»// Мои родители познакомились на киностудии и/ впрочем/ первые свои какие-то человеческие шаги я именно сделал там// Так что я могу сказать/ что в кино я попал по блату//

В пять лет меня поставили перед кинокамерой/ это было в городе Махачкала// Кинокартина называлась «Похождения графа Невзорова»/ режиссёр-постановщик Александр Панкратов-Черный// Он мне почему-то ко мне как-то очень хорошо относился и он сказал/ давайте его снимем/ в кино// Меня поставили перед кинокамерой и сказал/ мальчик танцуй// В общем-то чем я и занимаюсь до сих пор/ я танцую от печали до радости/ от одной роли до другой/ от счастливых моментов к грустным// Потому что жизнь артиста это вечный путь// Другой профессии/ я и не мечтал я всегда знал что я буду артистом/ поэтому моя мама мною страшно была горда потому что мальчик определился сразу/ что будет// Вот// Я всем сразу заявил/ буду артистом/ и многие были абсолютно в этом уверены/ что всё у меня будет хорошо// И когда я шёл по улице/ они говорили/ во/ это наш артист идёт// И все очень волновались когда я первый раз не поступил в институт/ и все очень хотели чтобы я действительно стал артистом// Вот поэтому моя жизнь это театр/ без которого я просто не представляю своей жизни// И поэтому я с огромным счастьем занимаюсь этим искусством/ люблю его бесконечно/ схожу с ума от него и просто балдею// Я... я немножко волнуюсь потому что очень сложно о себе говорить//

ГОВОРЕНИЕ

말하기 영역 예시 답안

Задания 1–4. Представьте себе, что вы вместе с другом посетили выставку фотографий. Вам выставка понравилась, а ему – не понравилась. Возразите своему собеседнику. Используйте антонимичные оценочные слова.

1.

Первый вариант ответа

– Мне кажется, выставка просто ужасная!
– <u>Что ты! Мне выставка очень понравилась. Она была замечательная.</u>

Второй вариант ответа

– Мне кажется, выставка просто ужасная!
– <u>Наоборот, выставка была прекрасная. Я просто в восторге.</u>

2.

Первый вариант ответа

– Все работы скучные и однообразные!
– <u>Я с тобой совершенно не согласен(-на). Все фотографии были интересные и непохожие друг на друга.</u>

Второй вариант ответа

– Все работы скучные и однообразные!
– <u>Вовсе нет! Все работы были очень яркие, живые и совсем не скучные. Мне было очень интересно.</u>

3.

Первый вариант ответа

– Сюжеты фотографий какие-то фальшивые!
– <u>Совсем наоборот, сюжеты фотографий были очень правдивыми. На фотографиях как будто изображены сцены из реальной жизни.</u>

Второй вариант ответа

– Сюжеты фотографий какие-то фальшивые!

– А мне очень понравились сюжеты фотографий. Они мне показались очень реалистичными и живыми.

4.

Первый вариант ответа

– Не стоило сюда идти – смотреть не на что!

– А я думаю, мы очень хорошо сделали, что посетили эту выставку. Было очень интересно и познавательно. Обязательно посоветую её своим знакомым.

Второй вариант ответа

– Не стоило сюда идти – смотреть не на что!

– Как не на что?! Выставка была одной из лучших. Я ещё не видел(-а) столько хороших и интересных фотографий.

Задание 5–8. Вы разговариваете с агентом по недвижимости, который по вашей просьбе искал вам квартиру для проживания на время учёбы/работы. Отреагируйте на реплики собеседника, выражая заданное намерение.

5.

Первый вариант ответа

– **Выразите радость:**

– Мы наконец смогли найти для вас просторную, светлую, удобную квартиру рядом с метро!

– Как здорово! Я очень рад, что вам удалось найти то, что мне нужно. Спасибо!

Второй вариант ответа

– **Выразите радость:**

– Мы наконец смогли найти для вас просторную, светлую, удобную квартиру рядом с метро!

– Какая отличная новость! Спасибо большое, что нашли для меня такую хорошую квартиру!

6.

Первый вариант ответа

– **Выразите удивление:**

– Сейчас в нашем городе очень трудно найти такую квартиру.

– <u>Действительно? Я думала, в нашем городе много таких квартир.</u>

Второй вариант ответа

– **Выразите удивление:**

– Сейчас в нашем городе очень трудно найти такую квартиру.

– <u>Что вы говорите? Неужели в нашем городе так мало хороших квартир?</u>

7.

Первый вариант ответа

– **Выразите сожаление:**

– Есть одно обстоятельство. Переехать в эту квартиру вы сможете только через месяц.

– <u>Как жаль! А я надеялся(-ась) переехать туда на этой неделе. Ну ничего не поделаешь.</u>

Второй вариант ответа

– **Выразите сожаление:**

– Есть одно обстоятельство. Переехать в эту квартиру вы сможете только через месяц.

– <u>Как же так? А я планировала въехать в квартиру как можно скорее. Очень жаль!</u>

8.

Первый вариант ответа

– **Выразите недовольство:**

– Платить за эту квартиру придётся довольно много: 60 тысяч рублей в месяц. Это примерно 800 евро!

– <u>Почему так дорого? Я же сразу предупредил(-а) вас, что ищу не очень дорогую квартиру.</u>

Второй вариант ответа

– Выразите недовольство:

– Платить за эту квартиру придётся довольно много: 60 тысяч рублей в месяц. Это примерно 800 евро!

– <u>Очень дорого! Вы обещали найти квартиру подешевле.</u>

Задание 13. **Расскажите об увиденном друзьям. Опишите ситуацию, действующих лиц и выскажите предположение, почему, по вашему мнению, возникла такая ситуация.**

Первый вариант ответа

Основные действия происходят на кухне. Мужчина отдыхает в кресле, а его жена накрывает на стол. В это время домой приходит их дочь Ксюша со своим другом. Мать пригласила дочь и её друга поужинать вместе. Когда ребята садятся за стол, мама Ксюши говорит ей представить своего молодого человека. Но оказывается, что друг Ксюши уже знаком с её отцом. По разговору можно понять, что отец Ксюши работает в школе, где учатся ребята, возможно он даже директор школы. Он говорит, что друг Ксюши один из самых умных учеников. Также видно, что у девочки не очень хорошие отношения с отцом. Она довольно грубо отвечает на высказывания её отца. Мама Ксюши кажется доброй женщиной. Заметив, как Ксюша разговаривает с отцом, она пытается перейти на другой разговор.

Мне кажется, что девочке на самом деле не нравится этот мальчик. Она привела его в дом только для того, чтобы показать его родителям. Возможно, именно из-за учёбы у отца и дочери плохие отношения. Скорее всего, отец девочки очень строгий и постоянно заставляет её учиться. А самой Ксюше может быть нравится музыка или танцы. Поэтому Ксюша хочет, чтобы её папа думал, что она общается с умным мальчиком.

Второй вариант ответа

Девочка по имени Ксюша приходит домой со своим другом Колей. В это время на кухне её родители собираются ужинать. Мама девочки заметила ребят и пригласила присоединиться к ним. Ребята помыли руки и зашли в кухню. Когда отец Ксюши увидел мальчика, он немного удивился. После того, как мама попросила Ксюшу представить им её друга, выяснилось, что отец Ксюши работает в школе, где учится мальчик. Он даже похвал Колю и сказал, что он очень умный мальчик. Он также добавил, что не знал, что Коля и Ксюша дружат. Родители Ксюши, особенно мама, показались очень добрыми и приветливыми. А вот сама Ксюша казалась немного раздражённой и чем-то недовольной. Она очень резко отвечала отцу. Скорее всего она была с ним в ссоре или обижена на него. Поэтому мама девочки постоянно пыталась смягчить обстановку.

Я думаю, родители девочки очень воспитанные и умные люди, которые желают ей только добра. А девочка этого не понимает. Она не хочет учиться, а хочет гулять, встречаться с друзьями. Поэтому в их семье сейчас происходит много конфликтов. Скорее всего, у девочки сейчас переходный возраст, и она думает, что родители не дают ей свободу. Поэтому она привела своего знакомого, чтобы показать им, что она уже взрослая и может принимать решения самостоятельно.

Задание 14. **Вы прочитали в интернете объявление о продаже квартир:**

Строительная компания «Монолит» предлагает квартиры в строящихся и недавно построенных домах на выгодных для покупателя условиях:

- сезонные скидки каждому покупателю;
- особые условия продажи жилья молодожёнам;
- возможен кредит у любого из трёх банков-партнёров нашей компании;
- при 100-процентной предоплате – приятный сюрприз от компании!

Более подробную информацию вы можете получить по телефонам:
(812)313-88-88, 313-89-90.

Это объявление вас заинтересовало. Позвоните по указанному телефону и расспросите обо всём как можно более подробно, чтобы принять решение о покупке.

Первый вариант ответа

- Алло! Здравствуйте!
- Добрый день!
- Это строительная компания «Монолит»?
- Да. Чем я могу вам помочь?
- Я по поводу объявления о продаже новых квартир.
- Что именно вас интересует?
- Скажите, пожалуйста, в каком районе находятся дома?
- Все дома находятся в новом районе возле парка «Заря».

- Сколько этажей в домах?
- Есть десятиэтажные и пятнадцатиэтажные дома.
- Сколько стоят двухкомнатные квартиры в десятиэтажных домах?
- Цены отличаются в зависимости от этажа. Какой этаж вас интересует?
- Сколько стоят квартиры на втором или третьем этажах?
- На втором и третьем этажах квартиры стоят три миллиона рублей.
- В интернете я прочитала, что у вас действуют сезонные скидки. Это цена уже со скидкой?
- Нет, это первоначальная цена.
- Какую скидку вы можете предложить?
- Мы можем предоставить вам сезонную скидку в пятнадцать процентов.
- В каких банках я могу получить кредит на покупку квартиры?
- Мы сотрудничаем с тремя банками: «Россия», «Про-банк» и «Союз».
- В каком банке наиболее выгодные условия?
- Я могу посоветовать вам обратиться в «Про-банк». Но у них очень много требований.
- Хорошо. Вы не могли бы дать телефон банка.
- Я отправлю вам сообщение с контактами ответственного за выдачу кредитов.
- Спасибо! Я вам перезвоню через несколько дней. До свидания!
- Всего хорошего!

Второй вариант ответа

- Алло! Здравствуйте!
- Здравствуйте!
- Я звоню по объявлению в интернете.
- Я вас слушаю.
- Сколько стоят однокомнатные квартиры?
- Однокомнатные квартиры стоят от одного миллиона рублей.
- В каком районе находятся квартиры?
- Они находятся в спальном районе «Новый город».
- А на каком этаже находятся квартиры за один миллион?
- Самые дешёвые квартиры находятся на первом этаже.
- Сколько стоят квартиры на последнем этаже?
- На последнем этаже квартиры немного дороже, чем на первом. Они стоят милли-

он двести тысяч.

- А какие сезонные скидки у вас есть?
- Если вы купите квартиру в этом месяце, то получите десятипроцентную скидку.
- Какие у вас есть особые условия продажи жилья молодожёнам?
- Если оба супруга моложе тридцати лет, мы предоставляем скидку в 20 процентов.
- Можем ли мы въехать в квартиру уже в этом месяце?
- Да, вы можете въехать в этом месяце.
- Когда нужно будет внести предоплату?
- Предоплату необходимо внести в день подписания контракта.
- А сколько процентов составляет предоплата?
- Предоплата составляет тридцать процентов.
- Когда можно будет посмотреть квартиры?
- Наш агент может показать вам квартиры в эту пятницу. Точное время мы сообщим вам в четверг.
- Хорошо. Спасибо!
- Не за что. До свидания!
- До свидания!

Задание 15. Примите участие в беседе на тему, предложенную тестором. Сферу обсуждения можете выбрать вы, а тему или проблему обсуждения предложит вам тестор. Это может быть обсуждение в сфере экономики, экологии, науки и образования, культуры, социальных проблем и т.д.

Образец беседы

1. **Сценарий речевого поведения тестора:** Ввод в проблему, запрос мнения

   Реплика-стимул: - Какие экологические проблемы вам кажутся особенно важными?

   Реплика-реакция тестируемого: - Одной из важнейших экологических проблем я считаю изменение климата. За последнее время климат на Земле сильно изменился. В одних регионах наблюдается аномальная жара, а в других – непривычно холодная погода. Главной причиной климатических изменений экологи называют глобальное потепление и предупреждают, что последствия этих изменений будут ощущаться всё сильнее.

   Схема речевого поведения тестируемого: Высказывание мнения

2. Сценарий речевого поведения тестора: Запрос уточнения информации

Реплика-стимул: - Уточните, пожалуйста, как именно проявляются климатические изменения?

Реплика-реакция тестируемого: - Конечно, это естественно, что климат постоянно меняется. Однако в последнее время это происходит слишком быстро. Поэтому очень часто в разных странах происходят различные природные катаклизмы, такие как наводнения, ураганы, пожары. Все чаще с экранов телевизоров мы слышим предупреждения не выходить на улицу из-за сильной жары или новости о лесных пожарах. В других обычно тёплых регионах наоборот наблюдаются сильные морозы, снег, град. Я тоже заметила, что у нас в Корее дождливых дней стало намного больше.

Схема речевого поведения тестируемого: Уточнение информации

3. Сценарий речевого поведения тестора: Запрос разъяснения мнения

Реплика-стимул: - Объясните, почему вы считаете проблему изменения климата наиболее важной?

Реплика-реакция тестируемого: - Не только я, но и многие другие люди, в том числе и сами экологи, считают глобальное изменение климата главной экологической проблемой. Изменение климата непосредственно влияет на нашу жизнь. Уже сейчас из-за аномальных погодных явлений страдает большое количество людей. Ураганы и наводнения оставляют сотни людей без крыши над головой, некоторые подобные природные явления даже уносят жизни людей. Также климатические изменения наносят огромный ущерб экологической системе планеты. Сейчас серьёзно стоит проблема вымирания редких животных и растений. По телевизору часто можно увидеть рекламу, как от глобального потепления страдают белые медведи и другие животные. Также изменение климата ведёт за собой и ряд других серьёзных экологических проблем, таких как лесные пожары, нехватка питьевой воды, распространение эпидемиологических заболеваний.

Схема речевого поведения тестируемого: Разъяснение мнения

4. Сценарий речевого поведения тестора: Запрос информации

Реплика-стимул: - Назовите основные причины изменения климата.

Реплика-реакция тестируемого: - Всем известно, что основными причинами изменения климата являются действия человека, такие как сжигание нефти, газа, угля, а также вырубка лесов. В результате деятельности человека в атмосфере значительно увеличилось содержание углекислого газа и других вредных газов, что способствует глобальному потеплению.

Схема речевого поведения тестируемого: Информация

5. Сценарий речевого поведения тестора: Запрос оценочного суждения

Реплика-стимул: - Как вы оцениваете существующую ситуацию?

Реплика-реакция тестируемого: - Мне кажется, что многие так и не поняли всей серьёзности данной проблемы или по крайней мере не хотят понимать. Каждый день из разных источников мы слышим, как из-за деятельности человека в разных уголках планеты происходят природные катаклизмы, лесные пожары, от которых страдают и погибают не только животные, но и сами люди, но всё равно большинство закрывает на это глаза.

Схема речевого поведения тестируемого: Выражение оценочного суждения

6. Сценарий речевого поведения тестора: Запрос обоснования

Реплика-стимул: - Как вы думаете, почему так происходит? Почему люди, понимая всю опасность, остаются пассивными?

Реплика-реакция тестируемого: - Конечно, есть люди, которые борются за защиту окружающей среды, но основное население планеты всё ещё не готово отказаться от своего удобства и прибыли, которые они получают за счёт сжигания огромного количества нефти и газа. Человеку ведь свойственно быстро привыкать ко всему хорошему.

Схема речевого поведения тестируемого: Обоснование

7. Сценарий речевого поведения тестора: Запрос сравнения

Реплика-стимул: - Как вы считаете, в каких странах больше всего уделяют внимание проблеме изменения климата?

Реплика-реакция тестируемого: - Мне кажется, больше всего о проблеме изменения климата думают в развитых странах Европы. Корея и Япония тоже стараются следовать примеру европейских стран и популяризируют использование различных эко-материалов. Однако, здесь нельзя забывать, что деятельность именно развитых стран в основном становится причиной загрязнения окружающей среды.

Схема речевого поведения тестируемого: Сравнение

8. Сценарий речевого поведения тестора: Запрос примера

Реплика-стимул: - Какие в вашей стране принимаются меры по решению проблемы климатических изменений?

Реплика-реакция тестируемого: - В нашей стране стараются производить много эко-продуктов. Также в Корее очень хорошо развита система переработки мусора. В каждой семье с детства учат правильно выкидывать мусорные отходы. Возле жилых домов повсюду можно увидеть специальные контейнеры для старой одежды. Ведь при производстве одежды в атмосферу выбрасывается большое количество вредных газов. Ещё в последнее время, чтобы сократить использование автомобилей, на улицах появилось много велосипедных стоянок, где любой может взять велосипед напрокат.

Схема речевого поведения тестируемого: Приведение примера

9. Сценарий речевого поведения тестора: Запрос предположения

Реплика-стимул: - Чем именно может быть опасно потепление климата и какие последствия могут ожидать планету?

Реплика-реакция тестируемого: - Если мы не примем меры уже сейчас, то, во-первых, различные стихийные бедствия, такие как ураганы, наводнения, землетрясения, пожары будут происходить всё чаще и с большей силой, охватывая огромные территории. Во-вторых, из-за сильного изменения температуры воздуха некоторые и высокой частотности аномальных природных явлений некоторые территории могут стать непригодными для жизни. В-третьих, вымрут некоторые виды животных и растений. Также массовое исчезновение животных и растений может вызвать ряд других проблем из-за нарушения экологического баланса. В-четвёртых, изменение климата может грозить нам нехваткой питьевой воды и голодом.

Схема речевого поведения тестируемого: Высказывание предположения

10. Сценарий речевого поведения тестора: Запрос вывода

Реплика-стимул: - Что же люди должны делать, чтобы не допустить подобной климатической катастрофы?

Реплика-реакция тестируемого: - Я считаю, что данную проблему должны решать на уровне правительства. Страны должны переходить на альтернативные источники энергии, производить больше эко-продуктов, внедрять энергосберегающие продукты. А сами люди должны меньше пользоваться автомобилями и стараться больше ходить пешком или ездить на велосипедах. Также необходимо бережнее относиться к еде и вещам, поскольку создание или транспортировка почти всех наших покупок вызывают выброс вредных газов в атмосферу. Но самое главное – это изменить наше отношение к природе, мы должны полюбить нашу планету и научиться заботиться о ней.

Схема речевого поведения тестируемого: Вывод

답안지

Рабочие матрицы

ЛЕКСИКА. ГРАММАТИКА

Имя, фамилия_____ Страна_____ Дата_____

ЧАСТЬ 1				
1	А	Б	В	Г
2	А	Б	В	Г
3	А	Б	В	Г
4	А	Б	В	Г
5	А	Б	В	Г
6	А	Б	В	Г
7	А	Б	В	Г
8	А	Б	В	Г
9	А	Б		
10	А	Б		
11	А	Б		
12	А	Б		
13	А	Б		
14	А	Б		
15	А	Б		
16	А	Б		
17	А	Б		
18	А	Б		
19	А	Б		
20	А	Б		
21	А	Б		
22	А	Б		
23	А	Б		
24	А	Б		
25	А	Б		

ЧАСТЬ 2				
26	А	Б	В	Г
27	А	Б	В	Г
28	А	Б	В	Г
29	А	Б	В	Г
30	А	Б	В	Г
31	А	Б	В	Г
32	А	Б	В	Г
33	А	Б	В	Г
34	А	Б	В	Г
35	А	Б	В	Г
36	А	Б	В	Г
37	А	Б	В	Г
38	А	Б	В	Г
39	А	Б	В	Г
40	А	Б	В	Г
41	А	Б	В	Г
42	А	Б	В	Г
43	А	Б	В	Г
44	А	Б	В	Г
45	А	Б	В	Г
46	А	Б	В	Г
47	А	Б	В	Г
48	А	Б	В	Г
49	А	Б	В	Г
50	А	Б	В	Г

	ЧАСТЬ 3			
51	А	Б	В	Г
52	А	Б	В	Г
53	А	Б	В	Г
54	А	Б	В	Г
55	А	Б	В	Г
56	А	Б	В	Г
57	А	Б	В	Г
58	А	Б	В	Г
59	А	Б	В	Г
60	А	Б	В	Г
61	А	Б	В	Г
62	А	Б	В	Г
63	А	Б	В	Г
64	А	Б	В	Г
65	А	Б	В	Г
66	А	Б	В	Г
67	А	Б	В	Г
68	А	Б	В	Г
69	А	Б	В	Г
70	А	Б	В	Г
71	А	Б	В	
72	А	Б	В	Г
73	А	Б	В	Г
74	А	Б	В	Г
75	А	Б	В	Г

	ЧАСТЬ 4			
76	А	Б	В	Г
77	А	Б	В	Г
78	А	Б	В	Г
79	А	Б	В	Г
80	А	Б	В	Г
81	А	Б	В	Г
82	А	Б	В	Г
83	А	Б	В	Г
84	А	Б	В	Г
85	А	Б	В	Г
86	А	Б	В	Г
87	А	Б	В	Г
88	А	Б	В	Г
89	А	Б	В	Г
90	А	Б	В	Г
91	А	Б	В	Г
92	А	Б	В	Г
93	А	Б	В	Г
94	А	Б	В	Г
95	А	Б	В	Г
96	А	Б	В	Г
97	А	Б	В	Г
98	А	Б	В	Г
99	А	Б	В	Г
100	А	Б	В	Г

	ЧАСТЬ 5				
101	А	Б	В	Г	
102	А	Б	В	Г	
103	А	Б	В	Г	
104	А	Б	В	Г	
105	А	Б	В	Г	
106	А	Б	В	Г	
107	А	Б	В	Г	
108	А	Б	В	Г	
109	А	Б	В	Г	
110	А	Б	В	Г	
111	А	Б	В	Г	
112	А	Б	В	Г	
113	А	Б	В	Г	
114	А	Б	В	Г	
115	А	Б	В	Г	
116	А	Б	В	Г	
117	А	Б	В	Г	
118	А	Б	В	Г	
119	А	Б	В	Г	
120	А	Б	В	Г	
121	А	Б	В	Г	
122	А	Б	В	Г	
123	А	Б	В	Г	
124	А	Б	В	Г	
125	А	Б	В	Г	

	ЧАСТЬ 6				
126	А	Б	В	Г	
127	А	Б	В	Г	
128	А	Б	В	Г	
129	А	Б	В	Г	
130	А	Б	В	Г	
131	А	Б	В	Г	
132	А	Б	В	Г	
133	А	Б	В	Г	
134	А	Б	В	Г	
135	А	Б	В	Г	
136	А	Б	В	Г	
137	А	Б	В	Г	
138	А	Б	В	Г	
139	А	Б	В	Г	
140	А	Б	В	Г	
141	А	Б	В	Г	
142	А	Б	В	Г	
143	А	Б	В	Г	
144	А	Б	В	Г	
145	А	Б	В	Г	
146	А	Б	В	Г	
147	А	Б	В	Г	
148	А	Б	В	Г	
149	А	Б	В	Г	
150	А	Б	В	Г	

ЧТЕНИЕ

Имя, фамилия _____ **Страна** _____ **Дата** _____

1	А	Б	В	
2	А	Б	В	
3	А	Б	В	
4	А	Б	В	
5	А	Б	В	
6	А	Б	В	
7	А	Б	В	
8	А	Б	В	
9	А	Б	В	
10	А	Б	В	
11	А	Б	В	
12	А	Б	В	
13	А	Б	В	
14	А	Б	В	
15	А	Б	В	
16	А	Б	В	
17	А	Б	В	
18	А	Б	В	
19	А	Б	В	
20	А	Б	В	
21	А	Б	В	
22	А	Б	В	
23	А	Б	В	
24	А	Б	В	
25	А	Б	В	

ПИСЬМО

Имя, фамилия _____ **Страна** _____ **Дата** _____

ПИСЬМО

Имя, фамилия _____ **Страна** _____ **Дата** _____

АУДИРОВАНИЕ

Имя, фамилия _____ Страна _____ Дата _____

#				
1	А	Б	В	
2	А	Б	В	
3	А	Б	В	
4	А	Б	В	
5	А	Б	В	
6	А	Б	В	
7	А	Б	В	
8	А	Б	В	
9	А	Б	В	
10	А	Б	В	
11	А	Б	В	
12	А	Б	В	
13	А	Б	В	
14	А	Б	В	
15	А	Б	В	
16	А	Б	В	
17	А	Б	В	
18	А	Б	В	
19	А	Б	В	
20	А	Б	В	
21	А	Б	В	
22	А	Б	В	
23	А	Б	В	
24	А	Б	В	
25	А	Б	В	

답안지

ДЛЯ ЗАМЕТОК

Дорога в Россию идет через Пушкинский дом!

러시아로 가는 길에 뿌쉬낀하우스가 있습니다!

러시아 교육문화센터
뿌쉬낀하우스 는

www.pushkinhouse.co.kr

2002년 러시아와 한국을 잇는 문화적 가교의 역할을 담당하고자 하는 취지로 개원하여 러시아어 교육과 러시아 관련 도서의 출판, 문화교류 등의 분야에서 선도적인 역할을 하고 있습니다.

뿌쉬낀하우스
온라인스쿨 은

lecture.pushkinhouse.co.kr

10여 년 동안 러시아어 교육분야에서 쌓아온 최고의 노하우를 여러분께 공개합니다.
이제 러시아어 전문 강사가 제공하는 최고의 강의를 온라인에서도 만나실 수 있습니다.

러시아 교육문화센터
뿌쉬낀하우스
교육센터 / 문화센터 / 출판센터
Tel. 02)2237-9387 Fax. 02)2238-9388
www.pushkinhouse.co.kr